Het ultieme jamkookboek

100 heerlijke recepten voor zelfgemaakte jam, gelei en conserven, met klassieke smaken en unieke combinaties, plus deskundige tips voor het selecteren, bereiden en bewaren van je fruit, perfect om cadeau te doen of je voorraadkast aan te vullen

Joseph McMahon

Auteursrechtelijk materiaal ©2023

Alle rechten voorbehouden

Vrijwaring

De informatie in dit Boek is bedoeld om te dienen als een uitgebreide verzameling strategieën waarnaar de auteur van dit Boek onderzoek heeft gedaan. Samenvattingen, strategieën, tips en trucs worden alleen aanbevolen door de auteur, en het lezen van dit boek biedt geen garantie dat iemands resultaten exact overeenkomen met de resultaten van de auteur. De auteur van het Boek heeft alle redelijke inspanningen geleverd om de lezers van het Boek actuele en nauwkeurige informatie te verschaffen. De auteur en zijn medewerkers kunnen niet aansprakelijk worden gesteld voor onopzettelijke fouten of weglatingen die kunnen worden gevonden. Het materiaal in het Boek kan informatie van derden bevatten. Materialen van derden bevatten meningen van hun eigenaars. Als zodanig aanvaardt de auteur van het Boek geen verantwoordelijkheid of aansprakelijkheid voor materiaal of meningen van derden.

INHOUDSOPGAVE

INHOUDSOPGAVE	2
INVOERING	7
HARTIGE JAMS	8
1. Gelei van appel en tijm/salie	9
2. Muntgelei	11
3. Zoete cidergelei	13
4. Hete groene pepergelei	15
5. Knoflook- of sjalottengelei	17
6. Bietenjam	19
7. Uienjam	21
8. Zoete chili-jam	23
9. Peperjam	25
INGEBLIKTE JAMS	27
10. Apple Chili-jam	28
11. Balsamico-uienjam	30
12. Bosbessenjam	32
13. Frambozenjam	34
14. Aardbeien-tequila-jam	36
15. Munt-ananasjam	38
16. Aardbeien-rabarberjam	40
17. Nectarine-en-zure kersenjam	42
18. Suikerarme aardbeien-tequila agave jam	44
19. Chocolade-kersenconfituur	46
20. Sinaasappel-bananenjam	48
21. Abrikozen-lavendeljam	50
22. Jam van vijgen en peren	52
23. Jam van vijgen, rozemarijn en rode wijn	54

24. Meloenjam	56
25. Perzik-rozemarijnjam	58
26. Honing-perenjam	60
27. Appeltaartjam	62
28. Perzik-bourbonjam	64
29. Suikerarme frambozenlimonadeconfituur	66
30. Tomaten-kruidenjam	68
31. Courgette-broodconfituur	70
32. Bessenjam	72
33. Suikerarme appel-chili jam	74
34. Balsamico-uienconfituur	76
35. Bosbessen-citroenjam	78
36. Appeljam	80
37. Aardbeien-rabarbergelei	82
38. Bosbessenkruidenjam	84
39. Druiven-pruimengelei	86
40. Gouden pepergelei	88
41. Perzik-ananasjam	90
42. Gekoelde appeljam	92
43. Druivenjam koelkast	94
44. Kersengelei met gepoederde pectine	96
45. Kersenjam met pectinepoeder	98
46. Vijgenjam met vloeibare pectine	100
47. Druivengelei met pectine in poedervorm	102
48. Munt-ananasjam met vloeibare pectine	104
49. Gemengde fruitgelei met vloeibare pectine	106
50. Sinaasappelgelei	108
51. Gekruide sinaasappelgelei	110
52. Sinaasappeljam	112

53. Abrikoos-sinaasappelconserven	114
54. Perzikjam met pectinepoeder	116
55. Gekruide bosbessen-perzikjam	118
56. Ananasjam met vloeibare pectine	120
57. Pruimengelei met vloeibare pectine	122
58. Aardbeienjam met pectinepoeder	124
59. Tutti-Frutti-jam	126
60. Druivenconserven	128
GEEN PECTINE JAMS	**130**
61. Blackberry Jelly zonder toegevoegde pectine	131
62. Appelgelei zonder toegevoegde pectine	133
63. Appeljam zonder toegevoegde pectine	135
64. Kweeperengelei zonder toegevoegde pectine	137
VERSE JAMMEN	**139**
65. Roze Limonade Açaí Jam	140
66. Aardbeien-lavendeljam	142
67. Kamperfoeliesiroop	144
68. Rabarber, rozen en aardbeienjam	146
69. Appelmossiroop	148
70. Appelmoes van zeemos	150
71. Açaí-Chia Jam	152
VRIEZER JAMMEN	**154**
72. Aardbeienvriezerjam	155
73. Kiwijam	157
74. Frambozen / Zwarte bessen Jam	159
TRADITIONELE JAMMEN	**161**
75. Appel & Gember	162
76. Abrikozenjam	164
77. Appel & Bramenjam	166

78. Jam van zwarte druif en portwijn	168
79. Bramenjam	170
80. Zwarte bessenjam	172
81. Ingeblikte Abrikozen & Ananas Jam	174
82. Kersenjam	176
83. Damson Jam	178
84. Jam van verse vijgen	180
85. Gemberjam	182
86. Kruisbessenjam	184
87. Kiwijam	186
88. Merg & Gember Jam	188
89. Gemengde Vruchtenjam	190
90. Perzikjam	192
91. Peren-gemberjam	194
92. Ananasjam	196
93. Pruimenjam	198
94. Kweeperenjam	200
95. Loganberry- of Tayberry-jam	202
96. Frambozenjam	204
97. Rabarber En Gemberjam	206
98. Aardbeienjam	208
99. Aardbeienjam (geheel)	210
100. Aardbeien En Rabarber Jam	212
CONCLUSIE	**214**

INVOERING

Ben je een liefhebber van zelfgemaakte jam en confituur? Zoek niet verder dan Het ultieme jamkookboek! Met 100 verrukkelijke recepten om uit te kiezen, heb je keuze te over als het gaat om het kiezen van je volgende met fruit gevulde creatie. Dit is wat je kunt verwachten van dit uitgebreide kookboek:

- Een breed scala aan smaakcombinaties: van klassieke recepten zoals aardbei en bosbes tot meer unieke melanges zoals rabarber en roos of peer en gember, dit kookboek heeft voor elk wat wils. Met 100 recepten om uit te kiezen, kom je nooit zonder inspiratie te zitten.

- Deskundig advies over het inmaken van fruit: zelfs als je een beginneling bent in de keuken, maakt dit kookboek het gemakkelijk om aan de slag te gaan met het maken van jam. U vindt handige tips over het selecteren van het beste fruit, het voorbereiden van het inblikken en ervoor zorgen dat uw jam nog maanden vers blijft.

- Perfect om cadeau te doen of om je voorraadkast mee aan te vullen: zelfgemaakte jam is een attent cadeau voor vrienden en familie, of ze kunnen worden gebruikt om een vleugje zoetheid toe te voegen aan je ochtendtoast of afternoontea. Met 100 recepten binnen handbereik heb je altijd een pot heerlijke jam bij de hand wanneer je die nodig hebt.

HARTIGE JAMS

1. **Appel En Tijm/Salie Gelei**

Maakt: 5 pond

INGREDIËNTEN:
- 3 pond Bramley kookappels
- 3 pond kristalsuiker
- 2 pinten (1130 ml) water
- 30 g tijm/salie, gehakt
- ½ Fles vloeibare pectine

INSTRUCTIES:
a) Was de appel, snij in kleine stukjes, maar schil of klokhuis niet.
b) Doe het fruit in een pan met het water, dek af en laat sudderen tot het fruit
c) is zacht genoeg om te stampen. Giet het gepureerde fruit af door een jelly bag.
d) Doe de suiker en 1130 ml sap in een grote pan en verwarm onder af en toe roeren zachtjes tot de suiker is opgelost.
e) Breng snel aan de kook en kook snel gedurende 1 minuut.
f) Roer de vloeibare pectine erdoor en kook nog een halve minuut, af en toe roerend.
g) Roer de tijm/salie erdoor. Haal van het vuur en schuim af, indien nodig.
h) Pot en dek af op de gebruikelijke manier.

2. Munt Gelei

Maakt: 1½ pond

INGREDIËNTEN:
- Grote bos munt
- 1 pond suiker
- ½ pint witte azijn
- Groene kleuring
- 1 fles vloeibare pectine

INSTRUCTIES:
a) Was de munt grondig en verdeel in tweeën.
b) Neem de bladeren van een bos, knijp het overtollige water eruit en hak ze fijn. Doe de azijn en suiker in een steelpannetje met het tweede bosje munt en roer op laag vuur tot de suiker is opgelost.
c) Verwijder het bosje munt. Breng 1 minuut aan de kook.
d) Zeef de siroop door een mousseline en doe terug in de pan.
e) Roer de vloeibare pectine erdoor, breng aan de kook en kook gedurende 2 minuten. Voeg de gehakte munt en kleurstof toe.
f) Laat iets afkoelen om te voorkomen dat de munt gaat drijven.
g) Op de gebruikelijke manier afschuimen, oppotten en afdekken.

3. Zoete cidergelei

Maakt: 5 pond

INGREDIËNTEN:
- 2 pinten (1130 ml) zoete appelcider
- 3¼ pond suiker
- 1 fles vloeibare pectine

INSTRUCTIES:
a) Doe de cider en suiker in een grote pan en meng goed.
b) Verwarm zachtjes, af en toe roerend, tot de suiker is opgelost. Voeg de vloeibare pectine toe.
c) Breng aan de kook en kook hard gedurende 1 minuut.
d) Op de gebruikelijke manier afschuimen, oppotten en afdekken.

4. Hete Groene Peper Gelei

Maakt: 7 pond

INGREDIËNTEN:
- 3 grote paprika's - ontpit en in stukjes gesneden
- 5 pond (2,3 kg) suiker
- 24 ons (700 ml) ciderazijn
- 12 Groene pepers – laat de zaadjes erin, snij alleen het steeltje eraf
- 2½ ounces (80 ml) water 2 flessen vloeibare pectine

INSTRUCTIES:
a) Maak alle ingrediënten vloeibaar behalve de suiker en vloeibare pectine.
b) Doe in een grote pan, voeg de suiker toe en kook snel gedurende 8 minuten.
c) Haal van het vuur, zeef, voeg vloeibare pectine toe en eventueel een paar druppels groene kleurstof.
d) Roer goed, giet in potten en sluit af.

5. Knoflook- of sjalotgelei

Maakt: 5 pond

INGREDIËNTEN:
- 3 oz (85 g) fijngehakte knoflook OF sjalotten
- 3 pond suiker
- 24 ons (700 ml) witte wijnazijn
- 16 ons (450 ml) water ½ fles vloeibare pectine

INSTRUCTIES:
a) Meng de knoflook of sjalotten met azijn en laat 15 minuten zachtjes, onafgedekt, op middelhoog vuur sudderen.
b) Haal van het vuur en giet in een geschikte glazen pot of braadpan: dek af en laat 24 tot 36 uur op kamertemperatuur staan.
c) Giet azijn door een draadzeef in een grote pan en pers knoflook of sjalotjes met de achterkant van een lepel om zoveel mogelijk vloeistof te krijgen; gooi dan het residu weg.
d) Voeg water en suiker toe.
e) Breng aan de kook op middelhoog vuur.
f) Roer vloeibare pectine erdoor en breng aan de kook, onder voortdurend roeren gedurende 1 minuut.
g) Schuim, indien nodig, pot af en dek af.

6. Bietenjam

Maakt: 4½ pond

INGREDIËNTEN:
- 1¾ pond (800 g) rauwe rode biet (of 1 pond gekookt
- 2¾ pond (1,3 kg) suiker
- ¾ pint (425 ml) Azijn
- 1 fles vloeibare pectine

INSTRUCTIES:
a) Als de bieten rauw zijn, kook ze dan, haal ze van de schil en hak ze heel fijn.
b) Meet de suiker en azijn af in een grote pan en voeg de bereide rode biet toe.
c) Meng goed en verwarm langzaam, af en toe roerend, tot de suiker is opgelost.
d) Breng aan de kook en kook snel gedurende 2 minuten.
e) Haal van het vuur en roer vloeibare pectine erdoor.
f) Roer en schuim afwisselend voor slechts
g) 5 minuten, om iets af te koelen. Pot en dek af op de gebruikelijke manier.

7. Uien Jam

Maakt: 2 pond Jam

INGREDIËNTEN:
- 1 pond 3 oz (600 g) uien
- 1 pond 9 oz (700 g) suiker
- 1½ eetlepel (20ml) Olijfolie
- 7 oz (20g) Rode bessen
- 200 ml wijnazijn
- 2 eetlepels (30 ml) citroensap
- ¼ fles vloeibare pectine
- Specerijen (¼ theelepel gember en ¼ theelepel piment, of naar smaak)

INSTRUCTIES:
a) Snijd de ui in kleine reepjes. Verhit de olie en voeg de uien toe. Dek af en kook zachtjes zonder bruin te worden tot de ui transparant en zacht is (ongeveer 15 - 20 minuten).
b) Voeg de rode bessen, wijnazijn en citroensap toe, breng aan de kook, dek af en laat sudderen tot de rode bessen en uien vrij zacht zijn (20 minuten of indien nodig).
c) Voeg de suiker toe, breng aan de kook en kook SNEL gedurende 6 minuten. Voeg ¼ fles vloeibare pectine toe, haal van het vuur en test een monster om op een koele plaat te zetten. Kook opnieuw indien nodig in periodes van 2-3 minuten totdat een monster na een paar minuten op de plaat een duidelijke huid vertoont.
d) Laat een paar minuten afkoelen, roer en kook op de gebruikelijke manier, met deksels die bestand zijn tegen azijn.

8. Zoete Chili Jam

Voor: 4 potten

INGREDIËNTEN:
- 8 Rode paprika's ontpit en grof gehakt
- 10 Rode chilipepers fijngehakt, zaden inbegrepen
- stukje verse gember ter grootte van een vinger, geschild en fijngehakt
- 1 pond gouden suiker
- 8 knoflookteentjes gepeld
- 790 g kerstomaatjes gehalveerd, steel verwijderd
- 250 ml rode wijnazijn
- 1 fles vloeibare pectine

INSTRUCTIES:
a) Doe alle ingrediënten behalve vloeibare pectine in een pan met dikke bodem.
b) Breng aan de kook, zet het vuur laag en laat 50 minuten sudderen: haal van het vuur.
c) Gebruik een staafmixer om de ingrediënten fijn te hakken, zet het vuur weer aan de kook en breng snel aan de kook, terwijl u regelmatig roert en eventueel schuim dat zich vormt afschept totdat het plakkerig wordt.
d) Roer de vloeibare pectine erdoor en laat 5 minuten koken en laat dan 5 minuten rusten. Giet in gesteriliseerde potten. Doe de deksels erop en bewaar in een donkere kast.

9. Peper Jam

Maakt: 3,5 pond Jam

INGREDIËNTEN:
- 6-8 middelgrote paprika's
- 2 ¾ pond (1,25 kg) suiker
- ½ pint (240 ml) azijn 1 fles vloeibare pectine

INSTRUCTIES:
a) Gebruik voor de beste kleur gelijke hoeveelheden groene en rode paprika's. Om de paprika's te bereiden, snijdt u ze open en verwijdert u de zaadjes en hakt u het vruchtvlees fijn.
b) Meet de suiker en azijn af in een grote weckpan en voeg toe
c) 14 oz (0,4 kg) van de bereide paprika's.
d) Meng goed en breng op hoog vuur aan de kook. Roer constant voor en tijdens het koken.
e) Kook snel gedurende 2 minuten. Haal van het vuur, roer de vloeibare pectine erdoor.
f) Laat 5 minuten afkoelen. Schuim indien nodig.
g) Pot en dek af op de gebruikelijke manier.

INGEBLIKTE JAMS

10. Apple Chili-jam

Maakt: 5 (½-pint) potten

INGREDIËNTEN:
- 2 grote appels, geschild en geraspt
- 3 eetlepels gebotteld citroensap
- 4 kopjes appelsap
- 3 eetlepels suikervrije pectine
- 1 eetlepel geplette chili de árbol, of gedroogde geplette rode peper
- ½ kopje honing

INSTRUCTIES:
a) Combineer geraspte appel en citroensap in een 4-kwart roestvrijstalen of geëmailleerde braadpan. Kook, onder voortdurend roeren, gedurende 10 minuten of tot de appel gaar is.
b) Roer appelsap, pectine en geplette chili de árbol erdoor. Breng het mengsel aan de kook dat niet kan worden geroerd, op hoog vuur, onder voortdurend roeren.
c) Voeg honing toe. Breng het mengsel terug aan de kook. Kook hard gedurende 1 minuut, onder voortdurend roeren. Haal van het vuur. Schuim indien nodig af.
d) Schep hete jam in een hete pot, laat ¼-inch vrije ruimte over. Luchtbellen verwijderen. Veeg de rand van de pot af. Deksel in het midden op de pot. Breng de band aan en pas deze aan tot vingertopdicht. Plaats de pot in een kan met kokend water. Herhaal dit totdat alle potten gevuld zijn.
e) Verwerk potten gedurende 10 minuten, aanpassen aan de hoogte. Zet het vuur uit; verwijder het deksel en laat de potten 5 minuten staan. Verwijder de potten en laat afkoelen.

11. Balsamico Uienconfituur

Maakt: 5 (½-pint) potten

INGREDIËNTEN:
- 2 pond uien, in blokjes gesneden
- ½ kopje balsamicoazijn
- ½ kopje ahornsiroop
- 2 theelepels gemalen witte peper
- 1 laurierblad
- 2 kopjes appelsap
- 3 eetlepels suikervrije pectine
- ½ kopje honing

INSTRUCTIES:
a) Combineer de eerste 6 ingrediënten in een 6-kwart roestvrijstalen of geëmailleerde braadpan. Kook op middelhoog vuur gedurende 15 minuten of tot de uien glazig zijn, af en toe roeren.
b) Roer het appelsap en de pectine erdoor. Breng het mengsel aan de kook dat niet kan worden geroerd, op hoog vuur, onder voortdurend roeren.
c) Voeg honing toe, roer om op te lossen. Breng het mengsel terug aan de kook. Kook hard gedurende 1 minuut, onder voortdurend roeren. Haal van het vuur. Verwijder het laurierblad en gooi het weg. Schuim indien nodig af.
d) Schep hete jam in een hete pot, laat ¼-inch vrije ruimte over. Luchtbellen verwijderen. Veeg de rand van de pot af. Deksel in het midden op de pot. Breng de band aan en pas deze aan tot vingertopdicht. Plaats de pot in een kan met kokend water. Herhaal dit totdat alle potten gevuld zijn.
e) Verwerk potten gedurende 15 minuten, aanpassen aan de hoogte. Zet het vuur uit; verwijder het deksel en laat de potten 5 minuten staan. Verwijder de potten en laat afkoelen.

12. **Bosbessenjam**

Maakt: 9 halve pinten

INGREDIËNTEN:
- 8 kopjes verse bosbessen
- 6 kopjes honing
- 3 eetlepels citroensap
- 2 theelepels gemalen kaneel
- 2 theelepels geraspte citroenschil
- ½ theelepel gemalen nootmuskaat
- 6 ons vloeibare fruitpectine zonder suiker

INSTRUCTIES:
a) Plaats bosbessen in een keukenmachine; dek af en pulseer tot bijna volledig gemengd.
b) Breng over naar een soeppan. Roer de honing, citroensap, kaneel, citroenschil en nootmuskaat erdoor. Breng aan de kook op hoog vuur, onder voortdurend roeren. Roer de pectine erdoor.
c) Kook gedurende 1 minuut onder voortdurend roeren.
d) Haal van het vuur; schep het schuim eraf. Schep het hete mengsel in hete gesteriliseerde potten van een halve liter, laat ¼-inch vrije ruimte over.
e) Luchtbellen verwijderen; veeg velgen af en pas deksels aan. Verwerk gedurende 10 minuten in een kan met kokend water.

13. Frambozenjam

Maakt: 6 halve pinten

INGREDIËNTEN:
- 3½ pond verse frambozen, geplet
- ½ kopje vers citroensap
- 4 eetlepels suikervrije pectine
- 1½ kopje honing

INSTRUCTIES:
a) Plaats frambozen in een Nederlandse oven.
b) Roer citroensap en pectine erdoor. Kook het mengsel.
c) Roer erdoor, schat. Verwarm nog 1 minuut.
d) Vul in een hete pot, laat ¼-inch vrije ruimte over. Laat luchtbellen los en centreer het deksel.
e) Breng de band aan en maak hem knus.
f) Plaats de pot in een kan met kokend water.
g) Verwerk gedurende 10 minuten, rekening houdend met de hoogte.
h) Verwijder de potten en laat afkoelen.

14. Aardbeien-tequila jam

Maakt: 4 halve pinten

INGREDIËNTEN:
- 5 kopjes gehakte verse aardbeien, geplet
- ½ kopje tequila
- 5 eetlepels suikervrije pectine
- 1 kopje agavesiroop

INSTRUCTIES:
a) Combineer aardbeien en tequila in een Nederlandse oven.
b) Roer de pectine erdoor.
c) Kook het mengsel.
d) Roer de agavesiroop erdoor. Verwarm nog 1 minuut.
e) Vul in een hete pot, laat ¼-inch vrije ruimte over. Laat luchtbellen los en centreer het deksel. Breng de band aan en maak hem knus. Zet de pot in de kan met kokend water.
f) Verwerk gedurende 10 minuten, rekening houdend met de hoogte.
g) Verwijder de potten en laat afkoelen.

15. Munt-Ananas Jam

Maakt: 10 halve pint potten

INGREDIËNTEN:
- Een blik van 20 ons gemalen ananas
- ¾ kopje water
- ¼ kopje citroensap
- 7 ½ kopjes honing
- 10 eetlepels suikervrije pectine
- ½ theelepel muntextract
- Enkele druppels groene kleurstof

INSTRUCTIES:
a) Doe de geplette ananas in een ketel. Voeg water, citroensap en honing toe. Goed roeren.
b) Zet op hoog vuur en roer constant, breng snel aan de kook met bubbels over het hele oppervlak.
c) Kook hard gedurende 1 minuut, onder voortdurend roeren.
d) Haal van het vuur; voeg pectine, smaakextract en kleurstof toe. Schuimen.
e) Giet onmiddellijk in hete, steriele inmaakpotten, laat ¼-inch vrije ruimte over.
f) Sluit af en verwerk gedurende 5 minuten in een kokendwaterbad.

16. Aardbeien-rabarber jam

Maakt: ONGEVEER 6 (½-PT./250-ML) POTTEN

INGREDIËNTEN:
- 4½ kopjes (1,1 L) ¼ inch (0,5 cm) dikke gesneden verse rabarber
- ½ kopje (125 ml) vers sinaasappelsap (ongeveer 2 tot 3 grote sinaasappels)
- 4 kopjes rijpe verse aardbeien
- 5 kopjes (1,25 L) suiker
- 1 zakje (88,5 ml) vloeibare pectine

INSTRUCTIES:
a) Combineer rabarber en sinaasappelsap in een roestvrijstalen pan van 3 liter (3 liter). Dek af en breng aan de kook op middelhoog vuur. Ontdek, zet het vuur lager en laat sudderen, vaak roerend, 5 minuten of tot rabarber zacht is.
b) Was aardbeien; verwijder stengels en rompen en gooi ze weg. Pureer de aardbeien met een aardappelstamper tot ze gelijkmatig geplet zijn.
c) Meet 2 kopjes gekookte rabarber en 1¾ kopjes (425 ml) gepureerde aardbeien in een 6-kwart roestvrijstalen of geëmailleerde braadpan. Roer de suiker erdoor. Breng het mengsel aan de kook dat niet kan worden geroerd, op hoog vuur en roer regelmatig.
d) Voeg pectine toe en knijp onmiddellijk de volledige inhoud uit het zakje. Blijf hard koken gedurende 1 minuut, onder voortdurend roeren. Haal van het vuur. Schuim indien nodig af.
e) Schep hete jam in een hete pot, laat een vrije ruimte van ¼ inch (0,5 cm) over. Luchtbellen verwijderen. Veeg de rand van de pot af. Deksel in het midden op de pot. Breng de band aan en pas deze aan tot vingertopdicht. Zet de pot in een kan met kokend water. Herhaal tot alle potten gevuld zijn.
f) Verwerk potten 10 minuten, aanpassen aan de hoogte. Zet het vuur uit; verwijder het deksel en laat de potten 5 minuten staan. Verwijder de potten en laat afkoelen.

17. Nectarine-en-zure kersenjam

Maakt: ONGEVEER 7 (½-PT./250-ML) POTTEN

INGREDIËNTEN:
- 750 g nectarines, ontpit en fijngehakt
- 2 kopjes gehakte ontpitte zure kersen
- 6 eetlepels klassieke pectine
- 2 eetlepels citroensap uit flessen
- 6 kopjes (1,5 l) suiker

INSTRUCTIES:
a) Combineer de eerste 4 ingrediënten in een 4-kwart (4-L) roestvrijstalen of geëmailleerde braadpan. Breng het mengsel aan de kook dat niet kan worden geroerd, op hoog vuur, onder voortdurend roeren.

b) Voeg suiker toe, roer om op te lossen. Breng het mengsel terug aan de kook. Kook hard 1 minuut, onder voortdurend roeren. Haal van het vuur. Schuim indien nodig af.

c) Schep hete jam in een hete pot, laat een vrije ruimte van ¼ inch (0,5 cm) over. Luchtbellen verwijderen. Veeg de rand van de pot af. Deksel in het midden op de pot. Breng de band aan en pas deze aan tot vingertopdicht. Zet de pot in een kan met kokend water. Herhaal tot alle potten gevuld zijn.

d) Verwerk potten 10 minuten, aanpassen aan de hoogte. Zet het vuur uit; verwijder het deksel en laat de potten 5 minuten staan. Verwijder de potten en laat afkoelen.

18. Suikerarme aardbeien-tequila agave jam

Maakt: ONGEVEER 4 (½-PT./250 ML) POTTEN

INGREDIËNTEN:
- 5 kopjes (1,25 l) gehakte verse aardbeien
- ½ kopje (125 ml) tequila
- 5 eetlepels (75 ml) Pectine met weinig of geen suiker
- 1 kop (250 ml) agavesiroop

INSTRUCTIES:

a) Combineer de eerste 2 ingrediënten in een 4-kwart (4-L) roestvrijstalen of geëmailleerde braadpan. Plet bessen met een aardappelstamper.

b) Roer de pectine erdoor. Breng het mengsel aan de kook dat niet kan worden geroerd, op hoog vuur, onder voortdurend roeren.

c) Roer de agavesiroop erdoor. Breng het mengsel terug aan de kook. Kook hard 1 minuut, onder voortdurend roeren. Haal van het vuur. Schuim indien nodig af.

d) Schep hete jam in een hete pot, laat een vrije ruimte van ¼ inch (0,5 cm) over. Luchtbellen verwijderen. Veeg de rand van de pot af. Deksel in het midden op de pot. Breng de band aan en pas deze aan tot vingertopdicht. Zet de pot in een kan met kokend water. Herhaal tot alle potten gevuld zijn.

e) Verwerk potten 10 minuten, aanpassen aan de hoogte. Zet het vuur uit; verwijder het deksel en laat de potten 5 minuten staan. Verwijder de potten en laat afkoelen.

19. Chocolade-kersenjam

Maakt: ONGEVEER 6 (½-PT./250-ML) POTTEN

INGREDIËNTEN:
- 6 kopjes (1,5 L) verse of diepgevroren donkere, zoete kersen zonder pit, grof gehakt
- 6 eetlepels klassieke pectine
- ¼ kopje (60 ml) citroensap in flessen
- 6 kopjes (1,5 l) suiker
- ⅔ kopje (150 ml) ongezoete cacao

INSTRUCTIES:
a) Combineer de eerste 3 ingrediënten in een 4-kwart (4-L) roestvrijstalen of geëmailleerde braadpan. Breng het mengsel aan de kook dat niet kan worden geroerd, op hoog vuur, onder voortdurend roeren.
b) Roer ondertussen suiker en cacao door elkaar tot het gemengd is; voeg alles in één keer toe aan het kokende kersenmengsel. Breng het mengsel terug aan de kook. Kook hard 1 minuut, onder voortdurend roeren. Haal van het vuur. Schuim indien nodig af.
c) Schep hete jam in een hete pot, laat een vrije ruimte van ¼ inch (0,5 cm) over. Luchtbellen verwijderen. Veeg de rand van de pot af. Deksel in het midden op de pot. Breng de band aan en pas deze aan tot vingertopdicht. Zet de pot in een kan met kokend water. Herhaal tot alle potten gevuld zijn.
d) Verwerk potten 10 minuten, aanpassen aan de hoogte. Zet het vuur uit; verwijder het deksel en laat de potten 5 minuten staan. Verwijder de potten en laat afkoelen.

20. Sinaasappel-bananenjam

Maakt: ONGEVEER 5 (½-PT./250-ML) POTTEN

INGREDIËNTEN:
- 2 kopjes vers sinaasappelsap met pulp (ongeveer 8 sinaasappels)
- 1 kop (250 ml) honing
- 3 eetlepels (45 ml) gebotteld citroensap
- 1 kg zeer rijpe bananen, geschild en in stukjes gesneden
- 1 vanillestokje, gespleten

INSTRUCTIES:
a) Combineer de eerste 4 ingrediënten in een 4-kwart (4-L) roestvrijstalen of geëmailleerde braadpan. Zaadjes uit vanilleboon schrapen; voeg toe aan het bananenmengsel. Kook, vaak roerend, op middelhoog vuur gedurende ongeveer 25 minuten tot het geleringspunt.

b) Schep hete jam in een hete pot, laat een vrije ruimte van ¼ inch (0,5 cm) over. Luchtbellen verwijderen. Veeg de rand van de pot af. Deksel in het midden op de pot. Breng de band aan en pas deze aan tot vingertopdicht. Zet de pot in een kan met kokend water. Herhaal tot alle potten gevuld zijn.

c) Verwerk potten 15 minuten, aanpassen aan de hoogte. Zet het vuur uit; verwijder het deksel en laat de potten 5 minuten staan. Verwijder de potten en laat afkoelen.

21. Abrikozen-lavendeljam

Maakt: ONGEVEER 6 (½-PT./250-ML) POTTEN

INGREDIËNTEN:
- 4 theelepels (20 ml) gedroogde lavendelknoppen
- Kaasdoek
- Keukenkoord
- 3 pond abrikozen, ontpit en gehakt (ongeveer 6 kopjes / 1,5 L)
- 4 kopjes suiker
- 3 eetlepels (45 ml) gebotteld citroensap

INSTRUCTIES:
a) Plaats lavendelknoppen op een stuk kaasdoek van 10 cm; vastbinden met keukentouw.
b) Doe abrikozen in een grote kom; stamp met een aardappelstamper tot puree. Roer suiker en citroensap erdoor; voeg kaasdoek toe, roer tot het bevochtigd is. Bedek en koel 4 uur of 's nachts.
c) Giet het abrikozenmengsel in een roestvrijstalen of geëmailleerde Nederlandse oven van 6 liter. Breng aan de kook op middelhoog vuur, roer tot de suiker is opgelost. Verhoog het vuur tot middelhoog. Kook, onder voortdurend roeren, 45 minuten of tot het mengsel ingedikt is en een suikerthermometer 220°F (104°C) registreert. Haal van het vuur. Verwijder de kaasdoekzak en gooi deze weg.
d) Schep hete jam in een hete pot, laat een vrije ruimte van ¼ inch (0,5 cm) over. Luchtbellen verwijderen. Veeg de rand van de pot af. Deksel in het midden op de pot. Breng de band aan en pas deze aan tot vingertopdicht. Zet de pot in een kan met kokend water. Herhaal tot alle potten gevuld zijn.
e) Verwerk potten 10 minuten, aanpassen aan de hoogte. Zet het vuur uit; verwijder het deksel en laat de potten 5 minuten staan. Verwijder de potten en laat afkoelen.

22. Jam van vijgen en peren

Maakt: ONGEVEER 4 (½-PT./250 ML) POTTEN

INGREDIËNTEN:
- 2 kopjes (250 ml) gehakte peren
- 2 kopjes (250 ml) gehakte verse vijgen
- 4 eetlepels (60 ml) klassieke pectine
- 2 eetlepels citroensap uit flessen
- 1 eetlepel (15 ml) water
- 3 kopjes (750 ml) suiker

INSTRUCTIES:
a) Combineer alle ingrediënten, behalve suiker, in een 4-kwart (4-L) roestvrijstalen of geëmailleerde braadpan. Breng het mengsel aan de kook dat niet kan worden geroerd, op hoog vuur, onder voortdurend roeren.
b) Voeg suiker toe, roer om op te lossen. Breng het mengsel terug aan de kook. Kook hard 1 minuut, onder voortdurend roeren. Haal van het vuur. Schuim indien nodig af.
c) Schep hete jam in een hete pot, laat een vrije ruimte van ¼ inch (0,5 cm) over. Veeg de rand van de pot af. Deksel in het midden op de pot. Breng de band aan en pas deze aan tot vingertopdicht. Zet de pot in een kan met kokend water. Herhaal dit totdat alle potten gevuld zijn.
d) Verwerk potten 10 minuten, aanpassen aan de hoogte. Zet het vuur uit; verwijder het deksel en laat de potten 5 minuten staan. Verwijder de potten en laat afkoelen.

23. Jam van vijgen, rozemarijn en rode wijn

Maakt: ONGEVEER 4 (½-PT./250-ML) POTTEN

INGREDIËNTEN:
- 1½ kopje (375 ml) Merlot of andere fruitige rode wijn
- 2 eetlepels verse rozemarijnblaadjes
- 2 kopjes fijngehakte verse vijgen
- 3 eetlepels (45 ml) klassieke pectine
- 2 eetlepels citroensap uit flessen
- 2½ kopjes (625 ml) suiker

INSTRUCTIES:
a) Breng wijn en rozemarijn aan de kook in een kleine roestvrijstalen of geëmailleerde steelpan. Zet het vuur uit; bedek en steil 30 minuten.

b) Giet wijn door een fijnmazige zeef in een roestvrijstalen of geëmailleerde steelpan van 4 liter (4 liter). Gooi rozemarijn weg. Roer de vijgen, pectine en citroensap erdoor. Breng het mengsel aan de kook dat niet kan worden geroerd, op hoog vuur, onder voortdurend roeren.

c) Voeg suiker toe, roer om op te lossen. Breng het mengsel terug aan de kook. Kook hard 1 minuut, onder voortdurend roeren. Haal van het vuur. Schuim indien nodig af.

d) Schep hete jam in een hete pot, laat een vrije ruimte van ¼ inch (0,5 cm) over. Luchtbellen verwijderen. Veeg de rand van de pot af. Deksel in het midden op de pot. Breng de band aan en pas deze aan tot vingertopdicht. Zet de pot in een kan met kokend water. Herhaal tot alle potten gevuld zijn.

e) Verwerk potten 10 minuten, aanpassen aan de hoogte. Zet het vuur uit; verwijder het deksel en laat de potten 5 minuten staan. Verwijder de potten en laat afkoelen.

24. Meloen jam

Maakt: ONGEVEER 5 (½-PT./250-ML) POTTEN

INGREDIËNTEN:
- 14 kopjes (3,5 L) meloen van 1 inch (1 cm) of andere blokjes meloen met oranje vruchtvlees (ongeveer 2 grote meloenen)
- ¼ kopje (60 ml) koosjer zout
- 4 kopjes suiker
- ¾ kopje (175 ml) gebotteld citroensap
- 1 eetlepel (15 ml) geplette roze peperkorrels (optioneel)

INSTRUCTIES:
a) Meng meloen en zout in een grote kom. Dek af en laat 2 uur staan. Droogleggen; afspoelen met koud water. Droogleggen.

b) Roer meloen, suiker en citroensap door elkaar in een 6-kwart roestvrijstalen of geëmailleerde braadpan. Aan de kook brengen; zet het vuur lager en laat sudderen, onafgedekt, 20 minuten of tot de meloen zacht is. Pureer de stukjes meloen met een aardappelstamper. Sudderen, onafgedekt, vaak roerend, ongeveer 1 uur tot het geleerpunt. (Meloenen geven veel water af, dus de kooktijd kan variëren.) Schuim schuim af, indien nodig, en roer, indien gewenst, peperkorrels erdoor.

c) Schep hete jam in een hete pot, laat een vrije ruimte van ¼ inch (0,5 cm) over. Luchtbellen verwijderen. Veeg de rand van de pot af. Deksel in het midden op de pot. Breng de band aan en pas deze aan tot vingertopdicht. Zet de pot in een kan met kokend water. Herhaal tot alle potten gevuld zijn.

d) Verwerk potten 15 minuten, aanpassen aan de hoogte. Zet het vuur uit; verwijder het deksel en laat de potten 5 minuten staan. Verwijder de potten en laat afkoelen.

25. Perzik-rozemarijn jam

Maakt: ONGEVEER 6 (½-PT./250 ML) POTTEN

INGREDIËNTEN:
- 2½ lb. (1,25 kg) verse perziken (5 grote)
- 1 theelepel limoenrasp
- 6 eetlepels klassieke pectine
- ¼ kopje (60 ml) vers limoensap (ongeveer 3 limoenen)
- 2 takjes rozemarijn (4 inch/10 cm).
- 5 kopjes (1,25 L) suiker

INSTRUCTIES:
a) Schil de perziken met een dunschiller. Verwijder de pitten en hak ze grof. Pureer met een aardappelstamper tot een gelijkmatige puree. Meet 4 kopjes geplette perziken in een 6-kwart roestvrijstalen of geëmailleerde braadpan. Roer de limoenschil en de volgende 3 ingrediënten erdoor.

b) Breng het mengsel aan de kook dat niet kan worden geroerd, op hoog vuur, onder voortdurend roeren. Kook 1 minuut onder voortdurend roeren.

c) Voeg suiker toe, roer om op te lossen. Breng het mengsel terug aan de kook. Kook hard 1 minuut, onder voortdurend roeren. Haal van het vuur. Verwijder de rozemarijn en gooi deze weg. Schuim indien nodig af.

d) Schep hete jam in een hete pot, laat een vrije ruimte van ¼ inch (0,5 cm) over. Luchtbellen verwijderen. Veeg de rand van de pot af. Deksel in het midden op de pot. Breng de band aan en pas deze aan tot vingertopdicht. Zet de pot in een kan met kokend water. Herhaal tot alle potten gevuld zijn.

e) Verwerk potten 10 minuten, aanpassen aan de hoogte. Zet het vuur uit; verwijder het deksel en laat de potten 5 minuten staan. Verwijder de potten en laat afkoelen.

26. **Honing-perenjam**

Maakt: ONGEVEER 5 (½-PT./250-ML) POTTEN

INGREDIËNTEN:
- 3¼ pond stevige, rijpe peren
- ½ kopje (125 ml) appelsap
- 1 eetlepel (15 ml) gebotteld citroensap
- ½ theelepel (2,5 ml) gemalen kaneel
- 1 stuk verse gember, geschild en fijn geraspt
- 6 eetlepels Low of No-Sugar Pectine
- ½ kopje (125 ml) honing

INSTRUCTIES:
a) Combineer de eerste 5 ingrediënten in een 6-kwart roestvrijstalen of geëmailleerde braadpan. Kook, onafgedekt, op middelhoog vuur 15 minuten of tot de peer zacht is, af en toe roeren. Pureer het perenmengsel lichtjes met een aardappelstamper en verdeel grote stukken.

b) Roer de pectine erdoor. Breng het mengsel aan de kook dat niet kan worden geroerd, op hoog vuur, onder voortdurend roeren.

c) Roer de honing erdoor. Breng het mengsel terug aan de kook. Kook hard 1 minuut, onder voortdurend roeren. Haal van het vuur. Schuim indien nodig af.

d) Schep hete jam in een hete pot, laat een vrije ruimte van ¼ inch (0,5 cm) over. Luchtbellen verwijderen. Veeg de rand van de pot af. Deksel in het midden op de pot. Breng de band aan en pas deze aan tot vingertopdicht. Zet de pot in een kan met kokend water. Herhaal tot alle potten gevuld zijn.

e) Verwerk potten 10 minuten, aanpassen aan de hoogte. Zet het vuur uit; verwijder het deksel en laat de potten 5 minuten staan. Verwijder de potten en laat afkoelen.

27. Jam van appeltaart

Maakt: ONGEVEER 5 (½-PT./250-ML) POTTEN

INGREDIËNTEN:
- 6 kopjes (1,5 L) in blokjes gesneden geschilde Granny Smith-appel (ongeveer 6 appels)
- 2 kopjes appelsap of appelcider
- 2 eetlepels citroensap uit flessen
- 3 eetlepels (45 ml) klassieke pectine
- 1 theelepel gemalen kaneel
- ½ theelepel (2 ml) gemalen piment
- ¼ theelepel (1 ml) gemalen nootmuskaat
- 2 kopjes suiker

INSTRUCTIES:
a) Breng de eerste 3 ingrediënten aan de kook in een 6-kwart roestvrijstalen of geëmailleerde braadpan; zet het vuur lager en laat sudderen, onafgedekt, 10 minuten of tot de appel zacht is, af en toe roerend.

b) Klop pectine en de volgende 3 ingrediënten erdoor. Breng het mengsel aan de kook dat niet kan worden geroerd, op hoog vuur, onder voortdurend roeren.

c) Voeg suiker toe, roer om op te lossen. Breng het mengsel terug aan de kook. Kook hard 1 minuut, onder voortdurend roeren. Haal van het vuur. Schuim indien nodig af.

d) Schep hete jam in een hete pot, laat een vrije ruimte van ¼ inch (0,5 cm) over. Luchtbellen verwijderen. Veeg de rand van de pot af. Deksel in het midden op de pot. Breng de band aan en pas deze aan tot vingertopdicht. Zet de pot in een kan met kokend water. Herhaal tot alle potten gevuld zijn.

e) Verwerk potten 10 minuten, aanpassen aan de hoogte. Zet het vuur uit; verwijder het deksel en laat de potten 5 minuten staan. Verwijder de potten en laat afkoelen.

28. Perzik-bourbonjam

Maakt: ONGEVEER 6 (½-PT./250-ML) POTTEN

INGREDIËNTEN:
- 2 kg verse perziken, geschild
- 6 eetlepels klassieke pectine
- ¼ kopje (60 ml) citroensap in flessen
- ¼ kopje (60 ml) bourbon
- 2 eetlepels fijngehakte gekristalliseerde gember
- 7 kopjes (1,75 l) suiker

INSTRUCTIES:
a) Perziken ontpitten en grof hakken. Meet 4½ kopjes (1,1 L) gehakte perziken in een 6-kwart roestvrijstalen of geëmailleerde braadpan en pureer ze met een aardappelstamper tot ze gelijkmatig geplet zijn. Roer de pectine en de volgende 3 ingrediënten erdoor.
b) Breng het mengsel aan de kook dat niet kan worden geroerd, op hoog vuur, onder voortdurend roeren.
c) Voeg suiker toe, roer om op te lossen. Breng het mengsel terug aan de kook. Kook hard 1 minuut, onder voortdurend roeren. Haal van het vuur. Schuim indien nodig af.
d) Schep hete jam in een hete pot, laat een vrije ruimte van ¼ inch (0,5 cm) over. Luchtbellen verwijderen. Veeg de rand van de pot af. Deksel in het midden op de pot. Breng de band aan en pas deze aan tot vingertopdicht. Zet de pot in een kan met kokend water. Herhaal tot alle potten gevuld zijn.
e) Verwerk potten 10 minuten, aanpassen aan de hoogte. Zet het vuur uit; verwijder het deksel en laat de potten 5 minuten staan. Verwijder de potten en laat afkoelen.

29. Suikerarme frambozenlimonadeconfituur

Maakt: ONGEVEER 6 (½-PT./250-ML) POTTEN

INGREDIËNTEN:
- 1,6 kg verse frambozen
- ½ kopje (125 ml) vers citroensap (ongeveer 5 citroenen)
- 4 eetlepels (60 ml) Pectine met weinig of geen suiker
- 1½ kopje (375 ml) honing

INSTRUCTIES:
a) Plaats frambozen in een 6-kwart roestvrijstalen of geëmailleerde Nederlandse oven. Plet frambozen met een aardappelstamper.
b) Roer citroensap en pectine erdoor. Breng het mengsel aan de kook dat niet kan worden geroerd, op hoog vuur, onder voortdurend roeren.
c) Roer de honing erdoor. Breng het mengsel terug aan de kook. Kook hard 1 minuut, onder voortdurend roeren. Haal van het vuur. Schuim indien nodig af.
d) Schep hete jam in een hete pot, laat een vrije ruimte van ¼ inch (0,5 ml) over. Luchtbellen verwijderen. Veeg de rand van de pot af. Deksel in het midden op de pot. Breng de band aan en pas deze aan tot vingertopdicht. Zet de pot in een kan met kokend water. Herhaal dit totdat alle potten gevuld zijn.
e) Verwerk potten 10 minuten, aanpassen aan de hoogte. Zet het vuur uit; verwijder het deksel en laat de potten 5 minuten staan. Verwijder de potten en laat afkoelen.

30. Tomaten-kruidenjam

Maakt: ONGEVEER 4 (½-PT./250-ML) POTTEN

INGREDIËNTEN:
- 3 kg pruimtomaten, ontpit en in stukjes gesneden
- 1 theelepel zout
- ½ theelepel (2 ml) versgemalen zwarte peper
- 3 teentjes knoflook, fijngehakt
- 2 laurierblaadjes
- 1½ kopje (375 ml) suiker
- ½ kopje (125 ml) balsamicoazijn
- ¼ kopje (60 ml) droge witte wijn
- 2 theelepels (10 ml) Provençaalse kruiden

INSTRUCTIES:

a) Combineer de eerste 5 ingrediënten in een 6-kwart roestvrijstalen of geëmailleerde braadpan. Kook, onbedekt, op middelhoog vuur 1 uur of tot de helft is ingekookt, vaak roerend.

b) Roer de suiker en de volgende 3 ingrediënten erdoor. Kook, onafgedekt, op middelhoog vuur 45 minuten of tot zeer dik, af en toe roerend. Laurierblaadjes verwijderen en weggooien.

c) Schep hete jam in een hete pot, laat een kopruimte van ¼ inch (0,5 ml) over. Luchtbellen verwijderen. Veeg de rand van de pot af. Deksel in het midden op de pot. Breng de band aan en pas deze aan tot vingertopdicht. Zet de pot in een kan met kokend water. Herhaal dit totdat alle potten gevuld zijn.

d) Verwerk potten 10 minuten, aanpassen aan de hoogte. Zet het vuur uit; verwijder het deksel en laat de potten 5 minuten staan. Verwijder de potten en laat afkoelen.

31. Courgette-broodjam

Maakt: ONGEVEER 4 (½-PT./250-ML) POTTEN

INGREDIËNTEN:
- 4 kopjes geraspte courgette
- 1 kop (250 ml) appelsap
- 6 eetlepels klassieke pectine
- ¼ kopje (60 ml) gouden rozijnen
- 1 eetlepel (15 ml) gebotteld citroensap
- 1 theelepel gemalen kaneel
- ½ theelepel (2 ml) gemalen nootmuskaat
- 3 kopjes (750 ml) suiker

INSTRUCTIES:
a) Combineer alle ingrediënten, behalve suiker, in een roestvrijstalen of geëmailleerde Nederlandse oven van 6 liter. Breng het mengsel aan de kook dat niet kan worden geroerd, op hoog vuur, onder voortdurend roeren.
b) Voeg suiker toe, roer om op te lossen. Breng het mengsel terug aan de kook. Kook hard 1 minuut, onder voortdurend roeren. Haal van het vuur. Schuim indien nodig af.
c) Schep hete jam in een hete pot, laat een vrije ruimte van ¼ inch (0,5 cm) over. Luchtbellen verwijderen. Veeg de rand van de pot af. Deksel in het midden op de pot. Breng de band aan en pas deze aan tot vingertopdicht. Zet de pot in een kan met kokend water. Herhaal tot alle potten gevuld zijn.
d) Verwerk potten 15 minuten, aanpassen aan de hoogte. Zet het vuur uit; verwijder het deksel en laat de potten 5 minuten staan. Verwijder de potten en laat afkoelen.

32. Berry-ale jam

Maakt: ONGEVEER 6 (½-PT./250-ML) POTTEN

INGREDIËNTEN:
- 2 kopjes frambozen, bosbessen of aardbeien
- 2 flessen plat pale ale
- 6 eetlepels klassieke pectine
- 1 theelepel citroenschil
- 2 eetlepels vers citroensap
- 4 kopjes suiker

INSTRUCTIES:
a) Plaats bessen in een 6-kwart roestvrijstalen of geëmailleerde braadpan. Plet bessen met een aardappelstamper. Roer het bier en de volgende 3 ingrediënten erdoor. Breng het mengsel aan de kook dat niet kan worden geroerd, op hoog vuur, onder voortdurend roeren.

b) Voeg suiker toe, roer om op te lossen. Breng het mengsel terug aan de kook. Kook hard 1 minuut, onder voortdurend roeren. Haal van het vuur. Schuim indien nodig af.

c) Schep hete jam in een hete pot, laat een vrije ruimte van ¼ inch (0,5 cm) over. Luchtbellen verwijderen. Veeg de rand van de pot af. Deksel in het midden op de pot. Breng de band aan en pas deze aan tot vingertopdicht. Zet de pot in een kan met kokend water. Herhaal tot alle potten gevuld zijn.

d) Verwerk potten 10 minuten, aanpassen aan de hoogte. Zet het vuur uit; verwijder het deksel en laat de potten 5 minuten staan. Verwijder de potten en laat afkoelen.

33. Suikerarme appel-chili jam

Maakt: ONGEVEER 5 (½-PT./250-ML) POTTEN

INGREDIËNTEN:
- 2 grote appels (ongeveer 480 g per stuk), geschild en geraspt
- 3 eetlepels (45 ml) gebotteld citroensap
- 4 kopjes appelsap
- 3 eetlepels (45 ml) Pectine met weinig of geen suiker
- 1 eetlepel (15 ml) geplette chili de árbol, of gedroogde geplette rode peper
- ½ kopje (125 ml) suiker
- ½ kopje (125 ml) honing

INSTRUCTIES:
a) Combineer geraspte appel en citroensap in een 4-kwart (4-L) roestvrijstalen of geëmailleerde braadpan. Kook, onder voortdurend roeren, 10 minuten of tot de appel zacht is.
b) Roer appelsap, pectine en geplette chili de árbol erdoor. Breng het mengsel aan de kook dat niet kan worden geroerd, op hoog vuur, onder voortdurend roeren.
c) Voeg suiker en honing toe, roer om de suiker op te lossen. Breng het mengsel terug aan de kook. Kook hard 1 minuut, onder voortdurend roeren. Haal van het vuur. Schuim indien nodig af.
d) Schep hete jam in een hete pot, laat een vrije ruimte van ¼ inch (0,5 cm) over. Luchtbellen verwijderen. Veeg de rand van de pot af. Deksel in het midden op de pot. Breng de band aan en pas deze aan tot vingertopdicht. Zet de pot in een kan met kokend water. Herhaal tot alle potten gevuld zijn.
e) Verwerk potten 10 minuten, aanpassen aan de hoogte. Zet het vuur uit; verwijder het deksel en laat de potten 5 minuten staan. Verwijder de potten en laat afkoelen.

34. Balsamico-uienjam

Maakt: ONGEVEER 5 (½-PT./250-ML) POTTEN

INGREDIËNTEN:
- 1 kg uien, in blokjes gesneden
- ½ kopje (125 ml) balsamicoazijn
- ½ kopje (125 ml) ahornsiroop
- 1½ theelepel (7,5 ml) zout
- 2 theelepels (10 ml) gemalen witte peper
- 1 laurierblad
- 2 kopjes appelsap
- 3 eetlepels (45 ml) Pectine met weinig of geen suiker
- ½ kopje (125 ml) suiker

INSTRUCTIES:

a) Combineer de eerste 6 ingrediënten in een 6-kwart roestvrijstalen of geëmailleerde braadpan. Kook op middelhoog vuur 15 minuten of tot de uien doorschijnend zijn, af en toe roeren.

b) Roer het appelsap en de pectine erdoor. Breng het mengsel aan de kook dat niet kan worden geroerd, op hoog vuur, onder voortdurend roeren.

c) Voeg suiker toe, roer om op te lossen. Breng het mengsel terug aan de kook. Kook hard 1 minuut, onder voortdurend roeren. Haal van het vuur. Verwijder het laurierblad en gooi het weg. Schuim indien nodig af.

d) Schep hete jam in een hete pot, laat een vrije ruimte van ¼ inch (0,5 cm) over. Luchtbellen verwijderen. Veeg de rand van de pot af. Deksel in het midden op de pot. Breng de band aan en pas deze aan tot vingertopdicht. Zet de pot in een kan met kokend water. Herhaal tot alle potten gevuld zijn.

e) Verwerk potten 15 minuten, aanpassen aan de hoogte. Zet het vuur uit; verwijder het deksel en laat de potten 5 minuten staan. Verwijder de potten en laat afkoelen.

35. Bosbessen-citroenjam

Maakt: ONGEVEER 4 (½-PT./250-ML) POTTEN

INGREDIËNTEN:
- 4 kopjes verse bosbessen
- 3½ kopjes (1,6 L) suiker
- 1 theelepel citroenschil
- 1 eetlepel (15 ml) vers citroensap
- 1 zakje (88,5 ml) vloeibare pectine

INSTRUCTIES:
a) Was de bosbessen, laat ze uitlekken en plet ze lichtjes met een lepel (net genoeg om de schil te splijten). Meet 2½ kopjes (625 ml) geplette bosbessen af in een 6-kwart roestvrijstalen of geëmailleerde braadpan.

b) Voeg suiker toe en de volgende 2 ingrediënten. Breng het mengsel aan de kook dat niet kan worden geroerd, op hoog vuur, onder voortdurend roeren.

c) Voeg pectine toe en knijp onmiddellijk de volledige inhoud uit het zakje. Blijf hard koken gedurende 1 minuut, onder voortdurend roeren. Haal van het vuur. Schuim indien nodig af.

d) Schep het hete mengsel in een hete pot, laat een vrije ruimte van ¼ inch (0,5 cm) over. Luchtbellen verwijderen. Veeg de rand van de pot af. Deksel in het midden op de pot. Breng de band aan en pas deze aan tot vingertopdicht. Zet de pot in een kan met kokend water. Herhaal dit totdat alle potten gevuld zijn.

e) Verwerk potten 10 minuten, aanpassen aan de hoogte. Zet het vuur uit; verwijder het deksel en laat de potten 5 minuten staan. Verwijder de potten en laat afkoelen.

36. Appeljam

INGREDIËNTEN:
- 2 kopjes geschilde, geboorde en gehakte peren
- 1 kopje geschilde, geboorde en gehakte appels
- 6½ kopjes suiker
- ¼ theelepel gemalen kaneel
- ⅓ kopje gebotteld citroensap
- 6 ons vloeibare pectine

INSTRUCTIES:
a) Plet appels en peren in een grote pan en roer de kaneel erdoor.
b) Meng suiker en citroensap grondig met fruit en breng aan de kook op hoog vuur, onder voortdurend roeren. Roer onmiddellijk de pijtine erdoor. Breng aan de kook en kook 1 minuut hard, onder voortdurend roeren.
c) Haal van het vuur, schuim snel af en vul steriele potten met een vrije ruimte van ¼ inch. Veeg de randen van potten schoon met een vochtige, schone papieren handdoek.
d) Deksels aanpassen en verwerken.

37. Aardbei-rabarbergelei

INGREDIËNTEN:
- 1½ pond rode stelen rabarber
- 1½ liter rijpe aardbeien
- ½ theelepel boter of margarine om schuimvorming te verminderen
- 6 kopjes suiker
- 6 ons vloeibare pectine

INSTRUCTIES:
a) Was en snijd rabarber in stukken van 1 inch en mix of maal. Was, steel en plet aardbeien, laag voor laag, in een pan.
b) Doe beide vruchten in een jelly bag of dubbele laag kaasdoek en pers het sap er voorzichtig uit. Meet 3-½ kopjes sap af in een grote pan. Voeg boter en suiker toe en meng grondig tot sap.
c) Breng aan de kook op hoog vuur, onder voortdurend roeren. Roer onmiddellijk de pijtine erdoor. Breng aan de kook en kook 1 minuut hard, onder voortdurend roeren.
d) Haal van het vuur, schuim snel af en vul steriele potten, laat een vrije ruimte van ¼ inch over. Veeg de randen van potten schoon met een vochtige, schone papieren handdoek.
e) Deksels aanpassen en verwerken.

38. Bosbessen-kruidenjam

INGREDIËNTEN:
- 2-½ liter rijpe bosbessen
- 1 Eetlepel citroensap
- ½ theelepel gemalen nootmuskaat of kaneel
- 5-½ kopjes suiker
- ¾ kopje water
- 1 doos (1-¾ ounce) pectine in poedervorm

INSTRUCTIES:

a) Was de bosbessen en plet ze grondig, laag voor laag, in een pan. Voeg citroensap, kruiden en water toe. Roer de pectine erdoor en breng op hoog vuur aan de kook, onder regelmatig roeren.

b) Voeg de suiker toe en breng terug aan de kook. Kook hard gedurende 1 minuut, onder voortdurend roeren.

c) Haal van het vuur, schuim snel af en vul steriele potten, laat een vrije ruimte van ¼ inch over. Veeg de randen van potten schoon met een vochtige, schone papieren handdoek.

d) Deksels aanpassen en verwerken.

39. Druiven-pruim gelei

INGREDIËNTEN:

- 3-½ pond rijpe pruimen
- 3 pond rijpe Concord-druiven
- 1 kopje water
- ½ theelepel boter of margarine om schuimvorming te verminderen (optioneel)
- 8-½ kopjes suiker
- 1 doos (1-¾ ounce) pectine in poedervorm

INSTRUCTIES:

a) Pruimen wassen en ontpitten; niet schillen. Plet de pruimen en druiven laag voor laag in een pan met water. Breng aan de kook, dek af en laat 10 minuten sudderen.

b) Zeef het sap door een jelly bag of dubbele laag kaasdoek. Meet de suiker af en zet opzij.

c) Combineer 6-½ kopjes sap met boter en pectine in een grote pan. Breng aan de kook op hoog vuur, onder voortdurend roeren. Voeg de suiker toe en breng terug aan de kook. Kook hard gedurende 1 minuut, onder voortdurend roeren.

d) Haal van het vuur, schuim snel af en vul steriele potten, laat een vrije ruimte van ¼ inch over. Veeg de randen van potten schoon met een vochtige, schone papieren handdoek.

e) Deksels aanpassen en verwerken.

40. Gouden peper gelei

INGREDIËNTEN:
- 5 kopjes gehakte gele paprika's
- ½ kopje gehakte Serrano chilipepers
- 1½ kopje witte gedistilleerde azijn (5%)
- 5 kopjes suiker
- 1 zakje (3 ons) vloeibare pectine

INSTRUCTIES:

a) Was alle paprika's grondig; verwijder steeltjes en zaadlijsten van de paprika's. Plaats zoete en hete pepers in een blender of keukenmachine.

b) Voeg voldoende azijn toe om de paprika's te pureren en pureer dan. Combineer de peper-azijnpuree en de resterende azijn in een steelpan van 8 of 10 liter. Verwarm aan de kook; kook vervolgens 10 minuten om smaken en kleur te extraheren.

c) Haal van het vuur en zeef door een jelly bag in een kom. (De jelly bag heeft de voorkeur; er kunnen ook meerdere lagen kaasdoek worden gebruikt.)

d) Meet 2-¼ kopjes van het gezeefde peper-azijn-sap terug in de pan. Roer de suiker erdoor tot deze is opgelost en breng het mengsel weer aan de kook. Voeg de pectine toe, breng aan de kook en kook hard gedurende 1 minuut, onder voortdurend roeren.

e) Haal van het vuur, schuim snel schuim af en vul in steriele potten, laat ¼-inch vrije ruimte over. Veeg de randen van potten schoon met een vochtige, schone papieren handdoek.

f) Deksels aanpassen en verwerken.

41. Perzik-Ananas Jam

INGREDIËNTEN:
- 4 kopjes uitgelekte perzikpulp
- 2 kopjes uitgelekte ongezoete geplette ananas
- ¼ kopje citroensap in flessen
- 2 kopjes suiker (optioneel)

INSTRUCTIES:
a) Was 4 tot 6 pond stevige, rijpe perziken grondig. Laat goed uitlekken. Schil en verwijder de pitten. Maal vruchtvlees met een medium of grof mes, of plet met een vork (geen blender gebruiken).
b) Plaats gemalen of geplet fruit in een steelpan van 2 liter. Verwarm langzaam om het sap vrij te maken, onder voortdurend roeren, tot het fruit zacht is.
c) Plaats gekookt fruit in een jelly bag of zeef bekleed met vier lagen kaasdoek. Laat het sap ongeveer 15 minuten druppelen. Bewaar het sap voor gelei of ander gebruik.
d) Meet 4 kopjes uitgelekt fruitpulp af om spread te maken. Combineer de 4 kopjes pulp, ananas en citroensap in een steelpan van 4 liter. Voeg indien gewenst tot 2 kopjes suiker toe en meng goed. Verwarm en kook zachtjes gedurende 10 tot 15 minuten, roer voldoende om plakken te voorkomen.
e) Vul hete potten snel, laat een vrije ruimte van ¼ inch over. Veeg de randen van potten schoon met een vochtige, schone papieren handdoek.
f) Deksels aanpassen en verwerken.

42. Gekoelde appeljam

INGREDIËNTEN:
- 2 eetlepels ongeparfumeerd gelatinepoeder
- 1-kwart fles ongezoet appelsap
- 2 eetlepels gebotteld citroensap
- 2 Eetlepels vloeibare caloriearme zoetstof
- Kleurstof voor levensmiddelen, indien gewenst

INSTRUCTIES:

a) Laat in een pan de gelatine zacht worden in het appel- en citroensap. Om gelatine op te lossen, breng aan de kook en kook 2 minuten. Haal van het vuur. Roer de zoetstof en kleurstof erdoor, indien gewenst.

b) Vul potten, laat ¼-inch vrije ruimte over. Veeg de randen van potten schoon met een vochtige, schone papieren handdoek. Deksels aanpassen. Niet verwerken of invriezen.

c) Bewaar in de koelkast en gebruik binnen 4 weken.

43. Druivenjam koelkast

INGREDIËNTEN:
- 2 eetlepels ongeparfumeerd gelatinepoeder
- 1 fles (24 ons) ongezoet druivensap
- 2 eetlepels gebotteld citroensap
- 2 Eetlepels vloeibare caloriearme zoetstof

INSTRUCTIES:

a) Laat in een steelpan de gelatine zacht worden in het druiven- en citroensap. Breng aan de kook om de gelatine op te lossen. Kook 1 minuut en haal van het vuur. Roer de zoetstof erdoor.

b) Vul hete potten snel, laat een vrije ruimte van ¼ inch over. Veeg de randen van potten schoon met een vochtige, schone papieren handdoek.

c) Deksels aanpassen. Niet verwerken of invriezen.

d) Bewaar in de koelkast en gebruik binnen 4 weken.

44. Kersengelei met gepoederde pectine

INGREDIËNTEN:
- 3 ½ kopjes kersensap
- 1 pakje pectine in poedervorm
- 4 ½ kopjes suiker

INSTRUCTIES:

a) Om sap te bereiden. Selecteer volledig rijpe kersen. Sorteer, was en verwijder stelen; niet pit. Plet kersen, voeg water toe, dek af, breng aan de kook op hoog vuur. Zet het vuur lager en laat 10 minuten sudderen. Extraheer sap.

b) Om gelei te maken. Meet het sap af in een ketel. Voeg pectine toe en roer goed. Zet op hoog vuur en breng onder voortdurend roeren snel aan de kook die niet meer kan worden geroerd.

c) Voeg suiker toe, blijf roeren en verwarm opnieuw tot een volledig rollend kookpunt. 1 minuut hard koken.

d) Haal van het vuur; schuim snel afschuimen. Giet gelei in hete, steriele inmaakpotten tot ¼ inch vanaf de bovenkant. Sluit af en verwerk 5 minuten in een kokendwaterbad.

45. Kersenjam met pectinepoeder

INGREDIËNTEN:
- 4 kopjes gemalen ontpitte kersen
- 1 pakje pectine in poedervorm
- 5 kopjes suiker

INSTRUCTIES:

a) Om fruit te bereiden. Sorteer en was volledig rijpe kersen; verwijder stengels en pitten. Maal kersen of hak ze fijn.

b) Jam maken. Meet voorbereide kersen af in een ketel. Voeg pectine toe en roer goed. Zet op hoog vuur en breng onder voortdurend roeren snel aan de kook met bubbels over het hele oppervlak.

c) Voeg suiker toe, blijf roeren en verwarm opnieuw tot een volledig borrelend kookpunt. Kook hard gedurende 1 minuut, onder voortdurend roeren. Haal van het vuur; schuimen.

d) Giet onmiddellijk in hete, steriele inmaakpotten tot ¼ inch vanaf de bovenkant. Seal en verwerk 5 minuten in kokend waterbad.

46. Vijgenjam met vloeibare pectine

INGREDIËNTEN:
- 4 kopjes geplette vijgen (ongeveer 3 pond vijgen)
- ½ kopje citroensap
- 7 ½ kopjes suiker
- ½ Fles vloeibare pectine

INSTRUCTIES:

a) Om fruit te bereiden. Sorteer en was volledig rijpe vijgen; steeluiteinden verwijderen. Plet of maal fruit.

b) Jam maken. Doe geplette vijgen en citroensap in een ketel. Voeg suiker toe en roer goed. Zet op hoog vuur en breng onder voortdurend roeren snel aan de kook met bubbels over het hele oppervlak. Kook hard gedurende 1 minuut, onder voortdurend roeren.

c) Haal van het vuur. Roer de pectine erdoor. Schuim snel afschuimen. Giet onmiddellijk in hete, steriele inmaakpotten tot ¼ inch vanaf de bovenkant. Seal en verwerk 5 minuten in kokend waterbad.

47. Druivengelei met gepoederde pectine

INGREDIËNTEN:
- 5 kopjes druivensap
- 1 pakje pectine in poedervorm
- 7 kopjes suiker

INSTRUCTIES:

a) Om sap te bereiden. Sorteer, was en verwijder stelen van volledig rijpe druiven. Plet druiven, voeg water toe, dek af en breng aan de kook op hoog vuur. Zet het vuur lager en laat 10 minuten sudderen. Extraheer sap.

b) Om gelei te maken. Meet het sap af in een ketel. Voeg pectine toe en roer goed. Zet op hoog vuur en breng onder voortdurend roeren snel aan de kook die niet meer kan worden geroerd.

c) Voeg suiker toe, blijf roeren en breng opnieuw aan de kook. 1 minuut hard koken.

d) Haal van het vuur; schuim snel afschuimen. Giet gelei onmiddellijk in hete, steriele inmaakpotten tot ¼ inch vanaf de bovenkant. Seal en verwerk 5 minuten in een kokend waterbad.

48. Munt-Ananas Jam Met Vloeibare Pectine

INGREDIËNTEN:
- Een 20-ounce blik kan gemalen ananas ¾ kopje water bevatten
- ¼ kopje citroensap
- 7 ½ kopjes suiker
- 1 fles vloeibare pectine ½ theelepel muntextract Enkele druppels groene kleurstof

INSTRUCTIES:

a) Doe de geplette ananas in een ketel. Voeg water, citroensap en suiker toe. Goed roeren.

b) Zet op hoog vuur en roer constant, breng snel aan de kook met bubbels over het hele oppervlak. Kook hard gedurende 1 minuut, onder voortdurend roeren. Haal van het vuur; voeg pectine, smaakextract en kleurstof toe. Schuimen.

c) Giet onmiddellijk in hete, steriele inmaakpotten tot ¼ inch vanaf de bovenkant. Seal en verwerk 5 minuten in kokend waterbad.

49. Gemengde Vruchtengelei met Vloeibare Pectine

INGREDIËNTEN:
- 2 kopjes cranberrysap
- 2 kopjes kweeperensap
- 1 kopje appelsap
- 7 ½ kopjes suiker
- ½ Fles vloeibare pectine

INSTRUCTIES:

a) Om fruit te bereiden. Sorteer en was volledig rijpe veenbessen. Voeg water toe, dek af en breng op hoog vuur aan de kook. Zet het vuur lager en laat 20 minuten sudderen. Extraheer sap.

b) Kweepeer sorteren en wassen. Verwijder stengel- en bloemuiteinden; niet pare of core. Snijd heel dun of in kleine stukjes. Voeg water toe, dek af en breng op hoog vuur aan de kook. Zet het vuur lager en laat 25 minuten sudderen. Extraheer sap.

c) Appels sorteren en wassen. Verwijder stengel- en bloemuiteinden; niet pare of core. In kleine stukjes snijden. Voeg water toe, dek af en breng op hoog vuur aan de kook. Zet het vuur lager en laat 20 minuten sudderen. Extraheer sap.

d) Om gelei te maken. Meet sappen af in een waterkoker. Roer de suiker erdoor. Zet op hoog vuur en breng onder voortdurend roeren snel aan de kook die niet meer kan worden geroerd.

e) Voeg pectine toe en breng terug aan de kook. 1 minuut hard koken.

f) Haal van het vuur; schuim snel afschuimen. Giet gelei onmiddellijk in hete, steriele inmaakpotten tot ¼ inch vanaf de bovenkant. Sluit af en verwerk 5 minuten in een kokendwaterbad.

Maakt: negen of tien potten van 8-ounce.

50. Sinaasappel gelei

Maakt: 4 of 5 halve pint potten.

INGREDIËNTEN:
- 3 ¼ kopjes suiker
- 1 kopje water
- 3 eetlepels citroensap ½ flesje vloeibare pectine
- Een 6-ounce blikje (¾ kopje) bevroren geconcentreerd sinaasappelsap

INSTRUCTIES:
a) Roer de suiker door het water. Zet op hoog vuur en breng onder voortdurend roeren snel aan de kook die niet meer kan worden geroerd.
b) Voeg citroensap toe. 1 minuut hard koken.
c) Haal van het vuur. Roer de pectine erdoor. Voeg ontdooid geconcentreerd sinaasappelsap toe en meng goed.
d) Giet gelei onmiddellijk in hete, steriele inmaakpotten tot ¼ inch vanaf de bovenkant. Seal en verwerk 5 minuten in een kokend waterbad.

51. Gekruide Sinaasappelgelei

Maakt: 4 halve pint potten.

INGREDIËNTEN:
- 2 kopjes sinaasappelsap
- ⅓ kopje citroensap
- ⅔ kopje water
- 1 pakje pectine in poedervorm
- 2 eetlepels sinaasappelschil, gehakt
- 1 theelepel hele piment
- ½ theelepel hele kruidnagel
- 4 kaneelstokjes, 5 cm lang
- 3 ½ kopjes suiker

INSTRUCTIES:
a) Meng sinaasappelsap, citroensap en water in een grote pan.
b) Roer de pectine erdoor.
c) Leg sinaasappelschil, piment, kruidnagel en kaneelstokjes losjes in een schone witte doek, bind ze vast met een touwtje en voeg het fruitmengsel toe.
d) Zet op hoog vuur en breng onder voortdurend roeren snel aan de kook die niet meer kan worden geroerd.
e) Voeg suiker toe, blijf roeren en verwarm opnieuw tot een volledige, rollende kook. 1 minuut hard koken.
f) Haal van het vuur. Verwijder de kruidenzak en schuim snel af. Giet gelei onmiddellijk in hete, steriele inmaakpotten tot ¼ inch vanaf de bovenkant. Sluit af en verwerk 5 minuten in een kokendwaterbad.

52. Sinaasappeljam

INGREDIËNTEN:
- ¾ kopje grapefruitschil (½ grapefruit)
- ¾ kopje sinaasappelschil (1 sinaasappel)
- 13⁄ kopje citroenschil (1 citroen)
- 1 liter koud water
- Pulp van 1 pompelmoes
- Pulp van 4 middelgrote sinaasappels
- 2 kopjes citroensap
- 2 kopjes kokend water
- 3 kopjes suiker

INSTRUCTIES:

a) Om fruit te bereiden. Fruit wassen en schillen. Snijd de schil in dunne reepjes. Voeg koud water toe en laat in een afgedekte pan gaar sudderen (ongeveer 30 minuten). Droogleggen.

b) Verwijder zaden en membraan van geschild fruit. Fruit in kleine stukjes snijden.

c) Jam maken. Voeg kokend water toe aan schil en fruit. Voeg suiker toe en kook snel tot 9 ° F boven het kookpunt van water (ongeveer 20 minuten), onder regelmatig roeren. Haal van het vuur; schuimen.

d) Giet onmiddellijk in hete, steriele inmaakpotten tot ¼ inch vanaf de bovenkant. Seal en verwerk 5 minuten in kokend waterbad.

Maakt: 3 of 4 halve pint potten.

53. Abrikoos-Sinaasappelconserven

INGREDIËNTEN:
- 3 ½ kopjes gehakte uitgelekte abrikozen
- 1 ½ kopje sinaasappelsap
- Schil van ½ sinaasappel, versnipperd
- 2 eetlepels citroensap
- 3 ¼ kopjes suiker
- ½ kopje gehakte noten

INSTRUCTIES:

a) Om gedroogde abrikozen te bereiden. Kook abrikozen onafgedekt in 3 kopjes water tot ze zacht zijn (ongeveer 20 minuten); uitlekken en hakken.

b) Om te behouden. Combineer alle ingrediënten behalve noten. Kook tot 9 ° F boven het kookpunt van water of tot het dik is, onder voortdurend roeren. Noten toevoegen; goed roeren. Haal van het vuur; schuimen.

c) Giet onmiddellijk in hete, steriele inmaakpotten tot ¼ inch vanaf de bovenkant. Sluit af en verwerk 5 minuten in kokend waterbad.

54. Perzikjam Met Pectine In Poedervorm

Maakt: ongeveer 6 halve pint potten.

INGREDIËNTEN:
- 3 ¾ kopjes geplette perziken
- ½ kopje citroensap
- 1 pakje pectine in poedervorm
- 5 kopjes suiker

INSTRUCTIES:
a) Om fruit te bereiden. Sorteer en was volledig rijpe perziken. Verwijder stengels, schillen en pitten. Plet perziken.
b) Jam maken. Meet geplette perziken in een ketel. Voeg citroensap en pectine toe; goed roeren. Zet op hoog vuur en breng onder voortdurend roeren snel aan de kook met bubbels over het hele oppervlak.
c) Voeg suiker toe, blijf roeren en verwarm opnieuw tot een volle, borrelende kook. Kook hard gedurende 1 minuut, onder voortdurend roeren. Haal van het vuur; schuimen.
d) Giet onmiddellijk in hete, steriele inmaakpotten tot ¼ inch vanaf de bovenkant. Sluit af en verwerk 5 minuten in kokend waterbad.

55. Gekruide Bosbessen-Perzik Jam

Maakt: 6 of 7 halve pint potten.

INGREDIËNTEN:
- 4 kopjes gehakte of gemalen perziken
- 4 kopjes bosbessen
- 2 eetlepels citroensap
- ½ kopje water
- 5 ½ kopjes suiker
- ½ theelepel zout
- 1 stokje kaneel
- ½ theelepel hele kruidnagel
- ¼ theelepel hele piment

INSTRUCTIES:
a) Om fruit te bereiden. Sorteer en was volledig rijpe perziken; schillen en pitjes verwijderen. Snijd of maal perziken.
b) Sorteer, was en verwijder eventuele stengels van verse bosbessen.
c) Ontdooi bevroren bessen.
d) Jam maken. Meet fruit in een ketel; voeg citroensap en water toe. Dek af, breng aan de kook en laat 10 minuten sudderen, af en toe roeren.
e) Voeg suiker en zout toe; goed roeren. Voeg kruiden toe gebonden in kaasdoek. Kook snel, onder voortdurend roeren, tot 9 ° F boven het kookpunt van water, of tot het mengsel dikker wordt.
f) Giet onmiddellijk in hete, steriele inmaakpotten tot ¼ inch vanaf de bovenkant. Sluit af en verwerk 5 minuten in kokend waterbad.

56. Ananasjam Met Vloeibare Pectine

Maakt: 4 of 5 halve pint potten.

INGREDIËNTEN:
- Een 20-ounce kan geplette ananas
- 3 eetlepels citroensap
- 3 ¼ kopjes suiker
- ½ Fles vloeibare pectine

INSTRUCTIES:
a) Combineer ananas en citroensap in een waterkoker. Voeg suiker toe en roer goed. Zet op hoog vuur en breng onder voortdurend roeren snel aan de kook met bubbels over het hele oppervlak.
b) Kook hard gedurende 1 minuut, onder voortdurend roeren.
c) Haal van het vuur; roer de pectine erdoor. Schuimen.
d) Laat 5 minuten staan.
e) Giet onmiddellijk in hete, steriele inmaakpotten tot ¼ inch vanaf de bovenkant.
f) Sluit af en verwerk 5 minuten in kokend waterbad.

57. Pruimengelei met vloeibare pectine

Maakt: 7 of 8 halve pint potten.

INGREDIËNTEN:
- 4 kopjes pruimensap
- 7 ½ kopjes suiker
- ½ Fles vloeibare pectine

INSTRUCTIES:
a) Om sap te bereiden. Sorteer en was volledig rijpe pruimen en snijd ze in stukjes; niet schillen of ontpitten. Plet fruit, voeg water toe, dek af en breng aan de kook op hoog vuur. Zet het vuur lager en laat 10 minuten sudderen. Extraheer sap.
b) Om gelei te maken. Meet het sap af in een ketel. Roer de suiker erdoor. Zet op hoog vuur en breng onder voortdurend roeren snel aan de kook die niet meer kan worden geroerd.
c) Voeg pectine toe; breng opnieuw aan de volledige, rollende kook. Kook hard 1 minuut.
d) Haal van het vuur; schuim snel afschuimen. Giet gelei onmiddellijk in hete, steriele inmaakpotten tot ¼ inch vanaf de bovenkant. Seal en verwerk 5 minuten in een kokend waterbad.

58. Aardbeienjam Met Gepoederde Pectine

INGREDIËNTEN:
- 5 ½ kopje geplette aardbeien
- 1 pakje pectine in poedervorm
- 8 kopjes suiker

INSTRUCTIES:

a) Om fruit te bereiden. Sorteer en was volledig rijpe aardbeien; verwijder stengels en doppen. Plet bessen.

b) Jam maken. Meet geplette aardbeien in een ketel. Voeg pectine toe en roer goed. Zet op hoog vuur en breng onder voortdurend roeren snel aan de kook met bubbels over het hele oppervlak.

c) Voeg suiker toe, blijf roeren en verwarm opnieuw tot een volle, borrelende kook. Kook hard gedurende 1 minuut, onder voortdurend roeren. Haal van het vuur; schuimen.

d) Giet onmiddellijk in hete, steriele inmaakpotten tot ¼ inch vanaf de bovenkant. Sluit af en verwerk 5 minuten in kokend waterbad.

e) Maakt: 9 of 10 halve pint potten.

59. Tutti Frutti Jam

Maakt: 6 of 7 halve pint potten.

INGREDIËNTEN:
- 3 kopjes gehakte of gemalen peren
- 1 grote sinaasappel
- ¾ kopje uitgelekte geplette ananas
- ¼ kopje gehakte marasquinkersen
- ¼ kopje citroensap
- 1 pakje pectine in poedervorm
- 5 kopjes suiker

INSTRUCTIES:
a) Om fruit te bereiden. Sorteer en was rijpe peren; pare en kern. Hak of maal de peren. Schil de sinaasappel, verwijder de zaadjes en hak of maal het vruchtvlees fijn.
b) Jam maken. Meet gehakte peren in een ketel. Voeg sinaasappel, ananas, kersen en citroensap toe. Roer de pectine erdoor.
c) Zet op hoog vuur en breng onder voortdurend roeren snel aan de kook met bubbels over het hele oppervlak.
d) Voeg suiker toe, blijf roeren en verwarm opnieuw tot een volledig borrelend kookpunt. Kook hard gedurende 1 minuut, onder voortdurend roeren. Haal van het vuur; schuimen.
e) Giet onmiddellijk in hete, steriele inmaakpotten tot ¼ inch vanaf de bovenkant. Sluit af en verwerk 5 minuten in kokend waterbad.

60. **Druivenconserven**

INGREDIËNTEN:
- 3 pond Druiven
- 3 pond suiker
- 1 pond gezaaide rozijnen
- 3 sinaasappels
- ½ pond Walnotenvlees, gehakt

INSTRUCTIES:

a) Scheid de druivenschillen van het vruchtvlees. Kook de pulp ongeveer 10 minuten en zeef ze om de zaden te verwijderen voordat je ze combineert met de schil.

b) Rozijnen en sinaasappels door een hakmolen halen. Voeg toe aan druiven.

c) Voeg suiker toe en kook langzaam gedurende ongeveer 45 minuten, onder regelmatig roeren.

d) Voeg voor het sluiten eerst walnoten toe. Giet in kleine potjes en sluit af.

GEEN PECTINE JAMS

61. Bramengelei zonder toegevoegde pectine

INGREDIËNTEN:
- 8 kopjes bramensap
- 6 kopjes suiker

INSTRUCTIES:

a) Om sap te bereiden. Selecteer een verhouding van een vierde onderrijpe bessen tot driekwart rijp fruit. Sorteren en wassen; verwijder eventuele stengels of doppen. Plet bessen, voeg water toe, dek af en breng aan de kook op hoog vuur. Zet het vuur lager en laat 5 minuten sudderen. Extraheer sap.

b) Om gelei te maken. Meet het sap af in een ketel. Voeg suiker toe en roer goed. Kook op hoog vuur tot 8 ° F boven het kookpunt van water of tot het geleimengsel in een vel van een lepel valt.

c) Haal van het vuur; schuim snel afschuimen. Giet gelei onmiddellijk in hete, steriele inmaakpotten tot ¼ inch vanaf de bovenkant. Sluit af en verwerk 5 minuten in een kokendwaterbad.

62. Appelgelei zonder toegevoegde pectine

INGREDIËNTEN:
- 4 kopjes appelsap
- 2 eetlepels gezeefd citroensap, indien gewenst
- 3 kopjes suiker

INSTRUCTIES:

a) Om sap te bereiden. Gebruik een verhouding van een vierde onderrijpe appels tot driekwart volledig rijp zuur fruit.

b) Sorteer, was en verwijder stengel- en bloesemuiteinden; niet pare of core. Appels in kleine stukjes snijden. Voeg water toe, dek af en breng op hoog vuur aan de kook. Zet het vuur lager en laat 20 tot 25 minuten sudderen of tot de appels zacht zijn. Extraheer sap.

c) Om gelei te maken. Meet appelsap af in een waterkoker. Voeg citroensap en suiker toe en roer goed. Kook op hoog vuur tot 8 ºF boven het kookpunt van water, of totdat het geleimengsel in een vel van een lepel valt.

d) Haal van het vuur; schuim snel afschuimen. Giet gelei onmiddellijk in hete, steriele inmaakpotten tot ¼ inch vanaf de bovenkant. Seal en verwerk 5 minuten in een kokend waterbad.

63. Appeljam zonder toegevoegde pectine

INGREDIËNTEN:
- 8 kopjes dun gesneden appels
- 1 sinaasappel
- 1½ kopje water
- 5 kopjes suiker
- 2 eetlepels citroensap

INSTRUCTIES:

a) Om fruit te bereiden. Selecteer zure appels. Was, schil, snijd en snijd de appels in vieren. Snijd dun. Snijd de sinaasappel in kwarten, verwijder eventuele pitjes en snijd heel dun.

b) Jam maken. Verwarm water en suiker tot de suiker is opgelost. Voeg het citroensap en fruit toe. Kook snel, roer constant, tot 9 ° F boven het kookpunt van water, of tot het mengsel dikker wordt. Haal van het vuur; schuimen.

c) Giet onmiddellijk in hete, steriele inmaakpotten tot ½ inch vanaf de bovenkant. Zegel. Verwerk 5 minuten in kokend waterbad.

64. Kweeperengelei zonder toegevoegde pectine

Maakt: ongeveer vier 8-ounce potten

INGREDIËNTEN:
- 3 ¾ kopjes kweeperensap
- ⅓ kopje citroensap
- 3 kopjes suiker

INSTRUCTIES:
a) Om sap te bereiden. Selecteer een deel van ongeveer een vierde onderrijpe kweepeer en driekwart volledig rijp fruit. Sorteer, was en verwijder stelen en bloesemuiteinden; niet pare of core. Snijd de kweepeer heel dun of in kleine stukjes.
b) Voeg water toe, dek af en breng op hoog vuur aan de kook. Zet het vuur lager en laat 25 minuten sudderen. Extraheer sap.
c) Om gelei te maken. Meet kweeperensap af in een ketel. Voeg citroensap en suiker toe. Goed roeren. Kook op hoog vuur tot 8 °F boven het kookpunt van water, of tot het geleimengsel een vel vormt van een lepel.
d) Haal van het vuur; schuim snel afschuimen. Giet gelei in hete, steriele inmaakpotten tot ¼ inch vanaf de bovenkant. Sluit af en verwerk 5 minuten in een kokendwaterbad.

VERSE JAMMEN

65. Roze Limonade Açaí Jam

Maakt: ongeveer ¾ kopje

INGREDIËNTEN:
- 1 kopje Açaí-puree
- ¼ kopje rietsuiker
- 2 eetlepels roze limonade
- Snufje zout
- 3 eetlepels gemalen chiazaad

INSTRUCTIES:
a) Roer Açaí, suiker, roze limonade en een snufje zout door elkaar in een kleine pan.
b) Breng aan de kook en kook gedurende 10-15 minuten tot een beetje ingedikt.
c) Roer de gemalen chia erdoor tot alles goed gecombineerd is.
d) Laat staan tot kamertemperatuur, doe het dan in een container en zet het in de koelkast tot het klaar is voor gebruik.

66. **Aardbeien-lavendeljam**

Maakt: 1 partij

INGREDIËNTEN:
- 1 pond Aardbeien
- 1 pond suiker
- 24 Lavendelstengels
- 2 Citroenen, sap van

INSTRUCTIES:
a) Was, droog en pel de aardbeien.
b) Leg ze in een kom met de suiker en 1 dozijn lavendelstengels en zet ze een nacht op een koele plaats.
c) Gooi de lavendel weg en doe het bessenmengsel in een niet-aluminium steelpan.
d) Bind de resterende lavendelstengels bij elkaar en voeg ze toe aan de bessen.
e) Voeg het citroensap toe.
f) Breng aan de kook en laat 25 minuten sudderen.
g) Schuim eventueel schuim van de bovenkant af. Gooi lavendel weg en giet de jam in gesteriliseerde potten. Zegel.

67. **Kamperfoelie siroop**

Maakt: 1 portie

INGREDIËNTEN:
- 4 pond Verse kamperfoelieblaadjes
- 8 pinten Kokend water
- Suiker

INSTRUCTIES:
a) Laat bloemblaadjes 12 uur in water trekken.
b) Zet een paar uur apart.
c) Decanteer en voeg tweemaal het gewicht aan suiker toe en maak een siroop.

68. Rabarber, rozen en aardbeienjam

Maakt: ongeveer 6 pinten

INGREDIËNTEN:
- 2 pond rabarber
- 1 pond aardbeien
- ½ pond sterk geurende rozenblaadjes
- 1½ pond suiker
- 4 sappige citroenen, inclusief pitjes, werden opzij gezet

INSTRUCTIES:
a) Snijd de rabarber in plakjes en doe deze in een kom met de hele gepelde aardbeien en de suiker. Giet het citroensap erover, dek af en laat een nacht staan.
b) Giet de inhoud van de kom in een niet-reactieve pan. Voeg de citroenzaden toe, samengebonden in een neteldoekzakje en breng zachtjes aan de kook. Laat 2 minuten koken en giet dan de inhoud van de pan terug in de kom. Dek af en laat nog een nacht op een koele plaats staan.
c) Doe het rabarber-aardbeienmengsel terug in de pan.
d) Verwijder de witte uiteinden van de basis van de rozenblaadjes en voeg de bloemblaadjes toe aan de pan, druk ze goed naar beneden tussen het fruit.
e) Breng aan de kook en kook snel tot het stolpunt is bereikt, giet dan in warme gesteriliseerde potten.
f) Afdichten en verwerken.

69. Appel Moss Siroop

Maakt: 4

INGREDIËNTEN:
- ½ kopje Wildflower Honing
- 32 ons Appels Juiced
- 1 eetlepel Zeemosgel
- Een halve limoen geperst

INSTRUCTIES:
a) Giet appelsap door een fijnmazige zeef en in een kleine pan op je fornuis. Stel de kacheltemperatuur in op middelhoog.
b) Voeg honing toe en roer tot het is gemengd
c) Pas de temperatuur van de kachel aan tot het punt waarop de vloeistof borrelt zonder zwaar te spatten
d) Voeg overige ingrediënten toe en blijf roeren.
e) Naarmate de vloeistof afneemt en de inhoud meer geconcentreerd wordt, moet u zich mogelijk aanpassen aan een lagere temperatuur.
f) Laat koken op het fornuis tot ⅓ tot ¼ van de aanmaakvloeistof overblijft.
g) Om de consistentie te testen, plaatst u 1-3 eetlepels in een kleine glazen kom en plaatst u deze 30 seconden tot 1 minuut in de vriezer.
h) Raak met een tandenstoker of een schone vinger de vloeistof aan en til langzaam uw vinger op.
i) Waar u naar op zoek bent, is consistentie die zo dicht mogelijk bij honing ligt.
j) Hoe meer het overblijft om te koken, hoe dikker de consistentie is. U bepaalt zelf hoe dun of dik u het wilt hebben
k) Zodra de vloeistof is ingekookt en je de gewenste consistentie hebt bereikt, zet je het fornuis uit en laat je het ongeveer 10 minuten afkoelen. De vloeistof moet nog steeds erg heet zijn, maar niet koken.
l) Zeef de vloeistof door een fijnmazige zeef in een glazen pot.
m) Doe het deksel op de pot en laat afkoelen.

70. **Zeemos Appelmoes**

Maakt: 4

INGREDIËNTEN:
- 10 biologische appels, gewassen en geschild
- 2 eetlepels van je favoriete gearomatiseerde thee
- 2,5 kopjes water
- Optioneel: ahornsiroop

INSTRUCTIES:
a) Hak de appels grof en verdeel ze over 2 kommen. Elke kom bevat ongeveer 3,5 kopjes appels.
b) Zet 2 potten thee met 2,5 kopjes water en 2 eetlepels thee per pot.
c) Zeef de thee en doe de vloeistof terug in de pot met de vlam/het vuur laag.
d) Voeg 3 ½ kopjes grof gesneden appels toe aan elke pot.
e) Laat sudderen tot de appels zacht zijn en gemakkelijk kunnen worden geprikt of gepureerd.
f) Als de appels gaar zijn, zet je het vuur hoger en kook je de overtollige vloeistof eruit.
g) Zodra de vloeistof is verminderd zodat het 50% van het aantal appels in de pot is, gebruikt u een staafmixer of blender en mixt u.
h) Je appelmoes zou van zichzelf al zoet moeten zijn, maar aangezien niet elke oogst hetzelfde is, hebben de appels misschien wat hulp nodig. Voeg in dit geval een vleugje ahornsiroop toe tot je tevreden bent.
i) Lepel of giet in schone, gesteriliseerde glazen potten.
j) Laten afkoelen.
k) Eenmaal afgekoeld, dek af en zet in de koelkast.
l) Als het tijd is om te serveren, schep je 2 eetlepels geprepareerd zeemos in de appelmoes en mix en geniet ervan.

71. Açaí-Chia Jam

Maakt: ongeveer ¾ kopje

INGREDIËNTEN:
- Açaí-puree
- ¼ kopje rietsuiker
- 2 eetlepels citroensap
- Snufje zout
- 3 eetlepels gemalen chiazaad

INSTRUCTIES:
a) Roer Açaí, suiker, citroensap en een snufje zout door elkaar in een kleine pan. Breng aan de kook en kook gedurende 10-15 minuten tot een beetje ingedikt.
b) Roer de gemalen chia erdoor tot alles goed gecombineerd is. Laat staan tot kamertemperatuur, doe het dan in een container en zet het in de koelkast tot het klaar is voor gebruik.

VRIEZER JAMMEN

72. Aardbeien Vriezer Jam

Maakt: 3 pond

INGREDIËNTEN:
- 1¼ pond (600 g) verse aardbeien
- 2 pond basterdsuiker
- 3 eetlepels (50 ml) citroensap
- ½ Fles vloeibare pectine

INSTRUCTIES:
a) Plet de aardbeien in een grote kom met een houten lepel.
b) Roer de suiker erdoor en laat ongeveer 1 uur in een warme keuken staan, af en toe roerend tot de suiker is opgelost.
c) Voeg vloeibare pectine toe en roer goed.
d) Voeg het citroensap toe en blijf 2 minuten roeren.
e) Schep in kleine bakjes, dek goed af. 48 uur op een warme plek laten staan en dan invriezen.

73. **Kiwi Jam**

INGREDIËNTEN:
- 1¼ pond (550 g) kiwi's
- 2 pond suiker (bij voorkeur caster)
- ½ Fles vloeibare pectine
- 2 eetlepels (30 ml) citroensap

INSTRUCTIES:
a) Schil de vrucht dun en verwijder het harde stuk aan het steeluiteinde.
b) Plet het fruit grondig en meng met de suiker.
c) Laat 1 uur in een warme keuken staan, af en toe roerend.
d) Voeg de vloeibare pectine toe en meng goed.
e) Voeg het citroensap toe en roer 2 minuten om goed te mengen.
f) Breng over naar geschikte kleine diepvriescontainers, laat ruimte voor expansie.
g) Dek af met diepvriesfolie of vershoudfolie.
h) Laat 24 - 48 uur in een warme keuken staan en vries dan in.

74. Frambozen/Zwarte Bessen Jam

Maakt: 3 pond

INGREDIËNTEN:
- 1¼ pond (600 g) frambozen of zwarte bessen
- 2 pond basterdsuiker
- 2 eetlepels (30 ml) citroensap ½ fles vloeibare pectine

INSTRUCTIES:

a) Plet de frambozen: als u zwarte bessen gebruikt, doe ze dan in een blender op pulserende stand en gebruik korte bursts om de schil te breken. Doe in een kom met de suiker en roer goed door.

b) Laat ongeveer 1 uur in een warme keuken staan, af en toe roerend tot de suiker is opgelost.

c) Voeg de vloeibare pectine toe en roer gedurende 2 minuten.

d) Voeg het citroensap toe en blijf 2 minuten roeren.

e) Schep in kleine bakjes, dek goed af. 48 uur op een warme plek laten staan en dan invriezen.

TRADITIONELE JAMMEN

75. **Appel & Gember**

Maakt: 5 pond

INGREDIËNTEN:
- 3 pond kookappels
- 3 pond suiker
- 1½ pint (850 ml) water
- 1 oz (30g) gekneusde gemberwortel in een mousseline zak
- 2 oz (55g) Gehakte Gekristalliseerde Gember
- ½ Fles vloeibare pectine

INSTRUCTIES:
a) Schil en verwijder het klokhuis van de appels, doe de schil en het klokhuis in een pan met het water, breng aan de kook en kook gedurende 10 minuten, plet en zeef.
b) Snijd de appels in plakjes, doe ze in een grote pan met het gezeefde sap, laat de gember bungelen en laat zachtjes sudderen tot de appels gaar zijn.
c) Voeg de suiker toe aan de gekookte appels en verwarm langzaam, af en toe roerend tot de suiker is opgelost.
d) Voeg de gekonfijte gember toe, breng aan de kook en kook snel gedurende 2 minuten.
e) Haal van het vuur, haal de mousseline zak eruit en roer de vloeibare pectine erdoor.
f) Roer en schuim afwisselend gedurende acht minuten om af te koelen en drijvend fruit te voorkomen.
g) Pot en dek af op de gebruikelijke manier.

76. **Abrikozenjam**

Maakt: 5 pond

INGREDIËNTEN:
- 2 pond Abrikozen (rijp)
- 3 pond suiker
- ½ Fles vloeibare pectine

INSTRUCTIES:
a) Ontpit en snijd de abrikozen in kleine stukjes en plet ze grondig. Schil niet.

b) Doe het fruit in een pan met de suiker, verwarm zachtjes onder af en toe roeren tot de suiker is opgelost.

c) Breng snel aan de kook en kook snel gedurende 1 minuut, af en toe roerend.

d) Haal van het vuur en roer de vloeibare pectine erdoor.

e) Op de gebruikelijke manier afschuimen, oppotten en afdekken.

77. Appel & Bramenjam

Maakt: 8 pond

INGREDIËNTEN:
- 2 pond bereide appels
- 5 pond (2,3 kg) suiker
- 1½ pond (700g) Bramen Sap van 1 Citroen
- 1 fles vloeibare pectine

INSTRUCTIES:
a) Schil de appels, snijd ze in kleine stukjes en doe ze in een grote pan met ¼ liter water.
b) Breng aan de kook en laat 15 minuten sudderen.
c) Plet de bramen grondig en doe ze in een andere pan met 4 eetlepels (60ml)
d) van water.
e) Laat 10-15 minuten sudderen.
f) Doe in geleidoek en laat het sap uitlekken. Meet af en voeg indien nodig water toe om 1 pint (570 ml) te maken.
g) Voeg toe aan appelpulp met suiker en citroensap.
h) Verwarm langzaam tot de suiker is opgelost, onder voortdurend roeren.
i) Breng aan de kook en kook voor
j) 2 minuten.
k) Haal van het vuur en roer de vloeibare pectine erdoor.
l) Op de gebruikelijke manier afschuimen, oppotten en afdekken.

78. Zwarte Druif En Port Jam

Maakt: 7 pond

INGREDIËNTEN:
- 4 pond (1,8 kg) zwarte druiven 4½ pond (2,1 kg) suiker
- ¼ pint watersap van 1 citroen
- 3 eetlepels (950 ml) Portwijn
- 1 fles vloeibare pectine

INSTRUCTIES:
a) Gebruik alleen volledig rijpe druiven, was het fruit en verwijder de pitten.
b) Doe in een pan met het water en laat sudderen tot het gaar is (ongeveer 15 minuten).
c) Voeg het citroensap en de suiker toe.
d) Breng aan de kook en kook snel gedurende 5 minuten.
e) Haal van het vuur en schuim af, indien nodig. Voeg de vloeibare pectine en portwijn toe.
f) Laat iets afkoelen om te voorkomen dat het fruit gaat drijven.
g) Pot en dek af op de gebruikelijke manier.

79. **Bramenjam**

Maakt: 5 pond

INGREDIËNTEN:
- 2 pond bessen
- 3 pond suiker
- ½ Fles vloeibare pectine

INSTRUCTIES:
a) Gebruik alleen volledig rijp fruit. Plet grondig.
b) Doe het voorbereide fruit en de suiker in een grote pan, meng goed en verwarm zachtjes tot de suiker is opgelost.
c) Breng aan de kook en kook op de heetste hitte.
d) Roer constant voor en tijdens het koken.
e) 2 minuten hard koken.
f) Haal van het vuur en roer de vloeibare pectine erdoor.
g) Schuim af en roer beurtelings gedurende slechts 5 minuten.
h) Laat iets afkoelen om te voorkomen dat het fruit gaat drijven.
i) Pot en dek af op de gebruikelijke manier.

80. Jam van zwarte bessen

Maakt: 5 pond

INGREDIËNTEN:
- 2 pond zwarte bessen
- 3¼ pond suiker
- ½ pint water
- ½ Fles vloeibare pectine

INSTRUCTIES:
a) Top, staart en was het fruit.
b) Plet goed en doe het fruit in een grote pan met het water, breng aan de kook en laat het afgedekt 15 minuten sudderen of tot de schil zacht is.
c) Voeg de suiker toe, roer goed en verwarm zachtjes tot de suiker is opgelost.
d) Breng aan de kook en kook snel gedurende 1 minuut, af en toe roerend.
e) Haal van het vuur en roer de vloeibare pectine erdoor - schuim af indien nodig.
f) Pot en dek af op de gebruikelijke manier.

81. Ingeblikte Abrikozen & Ananas Jam

Maakt: 5 pond

INGREDIËNTEN:
- 2 x 15 oz blikken Abrikozenhelften
- 3 pond suiker
- 2 x 16 oz ananasringen
- Sap van 1 Citroen 1 Flesje Vloeibare Pectine

INSTRUCTIES:
a) Giet het fruit af, hak de ananasringen en abrikozen fijn.
b) Doe het fruit in een pan, voeg de suiker en het citroensap toe.
c) Verwarm langzaam tot alle suiker is opgelost, onder voortdurend roeren.
d) Breng aan de kook en laat 2 minuten hard koken.
e) Haal van het vuur en roer de vloeibare pectine erdoor.
f) Schuim de jam af en roer. Laat iets afkoelen.
g) Giet snel in schone potten, sluit af en dek op de gebruikelijke manier af.

82. Kersenjam

Maakt: 5 pond

INGREDIËNTEN:
- 2,5 pond ontpitte kersen
- 3 pond suiker
- ¼ pint water
- 3 afgestreken eetlepels Citroensap
- 1 fles vloeibare pectine

INSTRUCTIES:
a) Laat de kersen in het water en citroensap in een afgedekte pan 15 minuten sudderen.
b) Breng over naar een hele grote pan voordat je de suiker toevoegt.
c) Voeg de suiker toe en verwarm zachtjes, af en toe roerend, tot de suiker is opgelost.
d) Breng aan de kook en kook snel gedurende 1-2 minuten.
e) Roer de vloeibare pectine erdoor en laat 1 minuut koken.

f) Van het vuur nemen, indien nodig afschuimen, iets laten afkoelen, in de pan doen en op de gebruikelijke manier afdekken.

83. <u>Damson Jam</u>

Maakt: 5 pond

INGREDIËNTEN:
- 2½ pond Fruit
- 3¼ pond suikersap van 1 citroen
- ½ pint water
- ½ Fles vloeibare pectine

INSTRUCTIES:
a) Was het fruit en doe het in een pan met het water.
b) Roer tot het mengsel kookt.
c) Dek af en laat 15 minuten sudderen.
d) Voeg de suiker en het citroensap toe, meng goed.
e) Breng aan de kook op de heetste hitte.
f) Voeg een klein stukje boter toe.
g) Roer constant voor en tijdens het koken.
h) 1 minuut hard koken.
i) Haal van het vuur, roer de vloeibare pectine erdoor.
j) Schuim om schuim en eventuele stenen te verwijderen.
k) Giet snel en dek af.

84. Verse vijgenjam

Maakt: 5 pond

INGREDIËNTEN:
- 2 pond rijpe vijgen
- 3,5 pond suiker
- Sap van 2 Citroenen
- 1 fles vloeibare pectine

INSTRUCTIES:
a) Doe de vijgen in een grote weckpan, het sap van 2 citroenen, de 2 pond vijgen en 3 ½ pond suiker.
b) Meng goed en verwarm langzaam tot de suiker is opgelost.
c) Breng aan de kook, onder voortdurend roeren.
d) Kook hard gedurende 1 minuut, haal dan van het vuur en roer de vloeibare pectine erdoor.
e) Op de gebruikelijke manier afschuimen, oppotten en afdekken.

85. <u>Gember Jam</u>

Maakt: 5 pond

INGREDIËNTEN:
- 1 pond wortelgember
- 3 pond suiker
- 6 eetlepels Citroensap
- 1 fles vloeibare pectine

INSTRUCTIES:
a) Schil de gember en snijd in blokjes van 6 mm
b) Bedek met koud water, breng aan de kook, laat 5 minuten sudderen en giet af.
c) Bedek met vers koud water, breng aan de kook, laat 5 – 10 minuten sudderen. Laat goed uitlekken.
d) Breng over naar een hele grote pan, voeg suiker en 14 ons (400 ml) water en het citroensap toe. Verwarm al roerend aan de kook, laat 5 minuten sudderen en laat enkele uren of een nacht afkoelen.
e) Voeg een klein klontje boter toe om schuimvorming te voorkomen, breng aan de kook en kook zo snel mogelijk gedurende 2 minuten. Haal van het vuur.
f) Roer de vloeibare pectine erdoor. Laat onder af en toe roeren 5 – 10 minuten afkoelen tot het hard wordt.
g) Giet in warme potten en dek af op de gebruikelijke manier.

86. Kruisbessenjam

Maakt: 5 pond

INGREDIËNTEN:
- 2 pond kruisbessen
- 3½ pond suiker
- ¼ pint water
- ½ Fles vloeibare pectine

INSTRUCTIES:
a) Top, staart en was de kruisbessen. Doe de kruisbessen in een pan met het water, breng aan de kook en laat, afgedekt, 15 minuten sudderen of tot de schil zacht is, af en toe roeren.
b) Voeg de suiker toe en verwarm langzaam tot de suiker is opgelost, af en toe roerend.
c) Breng snel aan de kook en kook snel gedurende 2 minuten, af en toe roerend.
d) Haal van het vuur en roer vloeibare pectine erdoor - schuim af indien nodig.
e) Laat iets afkoelen, pot en dek af op de gebruikelijke manier.

87. **Kiwi Jam**

Maakt: 5 pond

INGREDIËNTEN:
- 2 pond kiwi's
- 3½ pond suiker
- ½ Fles vloeibare pectine

INSTRUCTIES:
a) Schil het fruit dun en verwijder het harde stuk aan het steeluiteinde.
b) Plet het fruit grondig en meng met de suiker.
c) Breng over naar een grote pan en verwarm zachtjes tot alle suiker is opgelost.
d) Verwarm snel aan de kook en kook (een volledige rollende kook) gedurende 2 minuten.
e) Haal van het vuur en roer de vloeibare pectine erdoor, goed mengen.
f) Laat 2 tot 3 minuten afkoelen en verpot op de gebruikelijke manier.

88. Merg & Gember Jam

Maakt: 5 pond

INGREDIËNTEN:
- 1 merg
- 3¼ pond suiker
- 4 eetlepels water
- Sap van 1 Citroen
- 2 oz gekneusde wortelgember
- 4 oz gehakte gekristalliseerde gember
- 1 fles vloeibare pectine

INSTRUCTIES:
a) Schil het merg, verwijder de schil en de zaden, snijd het fijn.
b) Doe het merg in een pan met het water en laat het afgedekt 20 minuten sudderen.
c) Wortelgember moet in een mousseline zak worden gebonden en in een pan worden gedaan, samen met suiker, gekookt merg, gehakte gekristalliseerde gember en citroensap; meng goed en verwarm zachtjes, af en toe roerend, tot de suiker is opgelost.
d) Breng aan de kook en kook gedurende 2 minuten.
e) Haal van het vuur, haal de mousseline zak eruit en roer de vloeibare pectine erdoor.
f) Laat afkoelen om te voorkomen dat het fruit gaat drijven. Pot en dek af op de gebruikelijke manier.

89. Gemengde Vruchtenjam

Maakt: 5 pond

INGREDIËNTEN:
- ½ pond (225 g) gedroogde perziken
- 4 pond (1,7 kg) suiker
- ½ pint (285 ml) water
- ½ pond (225 g) peren
- 700 g appels
- ⅛ Pint (75ml) Water
- ½ Fles vloeibare pectine

INSTRUCTIES:
a) Week de gedroogde perziken minimaal 4 uur in water.
b) Appels en peren schillen, klokhuis verwijderen en in plakjes snijden. Doe in een pan met de perziken en het water.
c) Dek af en laat zachtjes sudderen tot ze zacht zijn (ongeveer 15 minuten).
d) Voeg suiker toe, roer tot het is opgelost.
e) Breng aan de kook en laat 2 minuten hard koken.
f) Haal van het vuur en roer de vloeibare pectine erdoor.
g) Schuim indien nodig. Pot en dek af op de gebruikelijke manier.

90. Perzik jam

Maakt: 5 pond

INGREDIËNTEN:
- 2¼ pond (1 kg) perziken
- 3¼ pond suiker
- 1 fles vloeibare pectine

INSTRUCTIES:
a) Schil en ontpit de perziken, hak het vruchtvlees fijn.
b) Als het fruit geen smaak of zuurheid heeft, voeg dan het sap van 1 citroen toe.
c) Doe de suiker en het voorbereide fruit in een grote pan en verwarm zachtjes tot de suiker is opgelost.
d) Breng aan de kook en kook hard gedurende 1 minuut.
e) Haal van het vuur en roer de vloeibare pectine erdoor.
f) Op de gebruikelijke manier afschuimen, oppotten en afdekken.

91. Peren & Gember Jam

Maakt: 5 pond

INGREDIËNTEN:
- 3 pond Bereide en in blokjes gesneden kookperen
- 3¼ pond suiker
- ½ pint water
- Sap van 2 Citroenen
- Geraspte schil van 1 Citroen
- 1 afgestreken theelepel Gember
- 2 oz gekristalliseerde gember (in blokjes gesneden)
- 1 fles vloeibare pectine

INSTRUCTIES:
a) Kook de peren gaar in water.
b) 2Voeg suiker, citroensap, schil en gember toe, roer op zacht vuur tot de suiker is opgelost.
c) Breng aan de kook en kook snel gedurende 2 minuten.
d) Haal van het vuur en roer de vloeibare pectine erdoor.
e) Kook nog 1 minuut.
f) Laat 10-15 minuten afkoelen.
g) Pot en dek af op de gebruikelijke manier.

92. **Ananas Jam**

Maakt: 4 pond

INGREDIËNTEN:
- 1 ½ pond (0,7 kg) geprepareerde ananas
- 3 pond suiker
- 1 pint water (300 ml)
- 1 Citroen
- 1 fles vloeibare pectine

INSTRUCTIES:
a) Bereid het fruit voor, plet het grondig en doe het in een grote pan.
b) Voeg het water toe, verwarm langzaam en kook tot het zacht is - ongeveer 30 minuten.
c) Voeg de suiker en het sap van 1 citroen toe, meng goed en verwarm langzaam tot de suiker is opgelost, af en toe roerend.
d) Breng aan de kook en kook snel gedurende 2 minuten.
e) Haal van het vuur, voeg de vloeibare pectine toe en laat 20 minuten afkoelen om te voorkomen dat het fruit gaat drijven.
f) Op de gebruikelijke manier afschuimen, oppotten en afdekken.

93. Pruimenconfituur

Maakt: 10 pond

INGREDIËNTEN:
- 5 pond (2,3 kg) pruimen
- 3 kg suiker
- ½ pint water
- ½ Fles vloeibare pectine

INSTRUCTIES:
a) Was de pruimen, snijd ze in stukjes en verwijder zoveel stenen als gewenst.
b) Doe het fruit en het water in een grote pan.
c) Breng aan de kook, onder voortdurend roeren.
d) Dek af en laat 15 minuten sudderen.
e) Voeg suiker toe, verwarm langzaam tot de suiker is opgelost, onder voortdurend roeren, en breng dan aan de kook.
f) Kook 2 minuten hard, roer af en toe, haal dan van het vuur en roer de vloeibare pectine erdoor.
g) Schuim, indien nodig, op en dek af op de gebruikelijke manier.

94. Kweeperen Jam

Maakt: 4½ pond

INGREDIËNTEN:
- 3 pond Kweeperen
- 3 pond suiker
- 1 Citroen
- ½ Fles vloeibare pectine

INSTRUCTIES:
a) Schil en ontpit de kweeperen (gebruik volledig rijp fruit). Hak zo fijn mogelijk.
b) Voeg 240 ml water en het sap van 1 citroen toe.
c) Breng aan de kook en dek af en laat 15 minuten sudderen.
d) Meet de suiker en 1,1 kg bereid fruit af in een grote weckpan en meng goed. Verwarm langzaam tot de suiker is opgelost.
e) Breng aan de kook. Roer constant, voor en tijdens het koken.
f) 1 minuut hard koken.
g) Haal van het vuur en roer de vloeibare pectine erdoor.
h) Op de gebruikelijke manier afschuimen, oppotten en afdekken.

95. Loganberry Of Tayberry Jam

Maakt: 7 pond

INGREDIËNTEN:
- 4 pond (1,8 kg) fruit
- 5 ½ pond (2,5 kg) suiker
- 1 fles vloeibare pectine

INSTRUCTIES:
a) Plet de bessen en doe ze in een pan met de suiker.
b) Verwarm zachtjes, af en toe roerend, tot de suiker is opgelost.
c) Breng snel aan de kook en kook snel gedurende 2 minuten, af en toe roerend.
d) Haal van het vuur en roer de vloeibare pectine erdoor. Schuim indien nodig.
e) Laat afkoelen om te voorkomen dat het fruit gaat drijven. Pot en dek af op de gebruikelijke manier.

96. Frambozenjam

Maakt: 8 pond

INGREDIËNTEN:
- 4 pond (1,8 kg) frambozen
- 5½ pond (2,5 kg) suiker
- 1 fles vloeibare pectine

INSTRUCTIES:
a) Plet de bessen en doe ze in een pan met de suiker.
b) Verwarm zachtjes, af en toe roerend, tot de suiker is opgelost.
c) Breng snel aan de kook en kook snel gedurende 2 minuten, af en toe roerend.
d) Haal van het vuur en roer de vloeibare pectine erdoor. Schuim indien nodig.
e) Laat afkoelen om te voorkomen dat het fruit gaat drijven. Pot en dek af op de gebruikelijke manier.

97. Rabarber En Gemberjam

Maakt: 5 pond

INGREDIËNTEN:
- 3 pond bereide rabarber
- 3 pond suiker
- ¼ pint water
- 30 g gekneusde gemberwortel
- 1 fles vloeibare pectine

INSTRUCTIES:
a) Snijd de rabarber fijn, maar schil niet.
b) Meet de suiker af in een grote pan en voeg 3 pond bereide rabarber en het water toe.
c) Voeg 1 oz gekneusde gemberwortel toe, gebonden in een mousseline zak.
d) Meng goed en breng snel aan de kook.
e) 3 minuten hard koken. Haal van het vuur en roer de vloeibare pectine erdoor.
f) Verwijder de gemberwortel in de mousseline zak.
g) Schuim af, pot en dek af.

98. **Aardbeienjam**

Maakt: 5 pond

INGREDIËNTEN:
- 2¼ pond (1kg) Aardbeien
- 3 pond suiker
- 3 eetlepels Citroensap
- ½ Fles vloeibare pectine

INSTRUCTIES:
a) Bereid het fruit voor, plet het grondig en doe het in een pan met de suiker en het citroensap.
b) Verwarm langzaam tot de suiker is opgelost, af en toe roerend. Voeg een klein klontje boter of margarine toe.
c) Breng aan de kook en kook snel gedurende 2 minuten.
d) Haal van het vuur, voeg de vloeibare pectine toe en laat 20 minuten afkoelen om te voorkomen dat het fruit gaat drijven.
e) Op de gebruikelijke manier afschuimen, oppotten en afdekken.

99. Aardbeien Jam (Heel)

Maakt: 5 pond

INGREDIËNTEN:
- 2¼ pond (1kg) kleine Aardbeien
- 3 pond (1,4 g) suiker
- 3 eetlepels (50ml)
- Citroensap (1 Grote Citroen)
- ½ Fles vloeibare pectine

INSTRUCTIES:
a) Bereid het fruit voor en doe het in de pan met het citroensap en de suiker.
b) 1 uur laten staan, af en toe roeren.
c) Verwarm langzaam tot de suiker is opgelost, af en toe roerend.
d) Voeg een klein klontje boter of margarine toe.
e) Breng aan de kook en kook snel gedurende 2 minuten.
f) Haal van het vuur, voeg de vloeibare pectine toe en laat 20 minuten afkoelen om te voorkomen dat het fruit gaat drijven.
g) Op de gebruikelijke manier afschuimen, oppotten en afdekken.

100. Aardbeien En Rabarber Jam

Maakt: 5 pond

INGREDIËNTEN:
- 1 pond rabarber
- 1 pond Aardbeien
- 3¼ pond (1,7 kg) suiker
- ¼ pinten water
- 1 afgestreken theelepel natriumbicarbonaat
- ½ Fles vloeibare pectine

INSTRUCTIES:
a) Was de rabarber en snij fijn. Schil niet.
b) Plet de aardbeien grondig.
c) Doe het fruit in een pan met het water, breng aan de kook en blijf roeren. Laat afgedekt 15 minuten sudderen.
d) Meet 1130 ml gekookt fruit af in een grote pan en vul indien nodig de hoeveelheid aan met water.
e) Voeg de suiker toe, verwarm zachtjes tot de suiker is opgelost, af en toe roeren.
f) Breng aan de kook en kook snel gedurende 2 minuten.
g) Haal van het vuur en roer de vloeibare pectine erdoor.
h) Roer en schuim afwisselend gedurende 5 minuten om af te koelen en drijvend fruit te voorkomen.
i) Pot en dek af op de gebruikelijke manier.

CONCLUSIE

Bedankt voor het geven van extra context. Hier is een mogelijk langere conclusie voor de laatste pagina van het Het ultieme jamkookboek met 100 recepten:

Gefeliciteerd met het bereiken van de laatste pagina van het Het ultieme jamkookboek, een uitgebreide gids voor het maken van zelfgemaakte jam. We zijn heel blij dat je hebt besloten om samen met ons op jamreis te gaan en we hopen dat je genoten hebt van het verkennen van de vele heerlijke recepten in dit boek.

Zoals je hebt gezien, kan het maken van je eigen jam een lonende en bevredigende ervaring zijn. Er is iets speciaals aan het nemen van vers seizoensfruit en er een spread van maken waar je het hele jaar door van kunt genieten. Of je nu je voorraadkast wilt aanvullen met klassieke smaken zoals aardbei en framboos, of graag wilt experimenteren met meer unieke combinaties zoals bosbessen-lavendel of vijgen-balsamico, de recepten in dit boek helpen je om je doelen voor het maken van jam te bereiken. .

In het hele jamkookboek hebben we onze passie voor jam gedeeld en stapsgewijze instructies gegeven om u te helpen elke keer perfecte resultaten te bereiken. Van het selecteren van het juiste fruit tot het beheersen van de kunst van het geleren, we hebben alles behandeld wat u moet weten om heerlijke jam van hoge kwaliteit te maken in uw eigen keuken.

Maar we hopen dat dit boek u niet alleen recepten en technieken aanreikt, maar dat het u ook heeft geïnspireerd om creatief aan de slag te gaan met het maken van jam. We hebben tips voor smaakcombinaties toegevoegd en je aangemoedigd om te experimenteren met verschillende soorten fruit, kruiden en

Ingram Content Group UK Ltd.
Milton Keynes UK
UKHW021148220623
423869UK00009B/87

specerijen om je eigen unieke melanges te creëren. Of je nu een scheutje whisky toevoegt aan je perzikjam of je aardbeienconserven met basilicum doordrenkt, de mogelijkheden voor smaakcombinaties zijn eindeloos.

Terwijl je verder gaat met het maken van jam, moedigen we je aan om plezier te hebben en te genieten van het proces. Jam maken is een geweldige manier om contact te maken met de seizoenen, de overvloed van de aarde te vieren en de vruchten van je werk met anderen te delen. We hopen dat dit boek je heeft geholpen om al deze dingen te doen en dat de recepten en technieken die je hebt geleerd je de komende jaren goed van pas zullen komen.

Bedankt voor het kiezen van het Het ultieme jamkookboek als gids voor zelfgemaakte jam. We wensen je veel fijne uren in de keuken en veel heerlijke jampotten om te delen met je dierbaren. Veel plezier met het maken van jam!